杭州全书编纂指导委员会

杭州全书编辑委员会

总主编：王国平

编　委：(以姓氏笔画为序)

杭州全书·杭州研究报告

王国平　总主编

阳动阴随：
杭州城乡互动的心曲

石向实　等著

ZHEJIANG UNIVERSITY PRESS
浙江大学出版社

杭州全书总序

　　城市是有生命的。每座城市，都有自己的成长史，有自己的个性和记忆。人类历史上，出现过不计其数的城市，大大小小，各具姿态。其中许多名城极一时之辉煌，但随着世易时移，渐入衰微，不复当年雄姿；有的甚至早已结束生命，只留下一片废墟供人凭吊。但有些名城，长盛不衰，有如千年古树，在古老的根系与树干上，生长的是一轮又一轮茂盛的枝叶和花果，绽放着恒久的美丽。杭州，无疑就是这样一座保持着恒久美丽的文化名城。

　　这是一座古老而常新的城市。杭州有 8000 年文明史、5000 年建城史。在几千年历史长河中，杭州文化始终延绵不绝，光芒四射。8000 年前，跨湖桥人凭着一叶小木舟、一双勤劳手，创造了辉煌的"跨湖桥文化"，浙江文明史因此上推了 1000 年；5000 年前，良渚人在"美丽洲"繁衍生息，耕耘治玉，修建了"中华第一城"，创造了灿烂的"良渚文化"，被誉为"东方文明的曙光"。而隋开皇年间置杭州、依凤凰山建造州城，为杭州的繁荣奠定了基础。此后，从唐代"灯火家家市，笙歌处处楼"的东南名郡，吴越国时期"富庶盛于东南"的国都，北宋时即被誉为"上有天堂，下有苏杭"的"东南第一州"，南宋时全国的政治、经济、科教、文化中心，元代马可·波罗眼中的"世界上最美丽华贵之天城"，明代产品"备极精工"的全国纺织业中心，清代接待康熙、乾隆几度"南巡"的旅游胜地、人文渊薮，民国时期文化名人的集中诞生地,直到新中国成立后的湖山新貌,尤其是近年来为世人称羡不已的"最具幸福感城市"——杭州,不管在哪个历史阶段,都让世人感受到她的分量和魅力。

这是一座勾留人心的风景之城。"淡妆浓抹总相宜"的"西湖天下景","壮观天下无"的钱江潮,"至今千里赖通波"的京杭大运河(杭州段),蕴涵着"梵、隐、俗、闲、野"的西溪烟水,三秋桂子,十里荷花,杭州的一山一水、一草一木,都美不胜收,令人惊艳。今天的杭州,西湖成功申遗,中国最佳旅游城市、东方休闲之都、国际花园城市等一顶顶"桂冠"相继获得,杭州正成为世人向往之"人间天堂"、"品质之城"。

这是一座积淀深厚的人文之城。8000 年来,杭州"代有才人出",文化名人灿若繁星,让每一段杭州历史都不缺少光华,而且辉映了整个华夏文明的星空;星罗棋布的文物古迹,为杭州文化添彩,也为中华文明增重。今天的杭州,文化春风扑面而来,经济"硬实力"与文化"软实力"相得益彰,文化事业与文化产业齐头并进,传统文化与现代文明完美融合,杭州不仅是"投资者的天堂",更是"文化人的天堂"。

杭州,有太多的故事值得叙说,有太多的人物值得追忆,有太多的思考需要沉淀,有太多的梦想需要延续。面对这样一座历久弥新的城市,我们有传承文化基因、保护文化遗产、弘扬人文精神、探索发展路径的责任。今天,我们组织开展杭州学研究,其目的和意义也在于此。

杭州学是研究、发掘、整理和保护杭州传统文化和本土特色文化的综合性学科,包括西湖学、西溪学、运河(河道)学、钱塘江学、良渚学、湘湖(白马湖)学等重点分支学科。开展杭州学研究必须坚持"八个结合":一是坚持规划、建设、管理、经营、研究相结合,研究先行;二是坚持理事会、研究院、研究会、博物馆、出版社、全书、专业相结合,形成"1+6"的研究框架;三是坚持城市学、杭州学、西湖学、西溪学、运河(河道)学、钱塘江学、良渚学、湘湖(白马湖)学相结合,形成"1＋1＋6"的研究格局；四是坚持全书、丛书、文献集成、研究报告、通史、辞典相结合，形成"1＋5"的研究体系；五是坚持党政、企业、专家、媒体、市民相结合，形成"五位一体"的研究主体；六是坚持打好杭州牌、浙江牌、中华牌、国际牌相结合，形成"四牌共打"的运作方式；七是坚持权威性、学术性、普及性相结合，形成"专家叫好、百姓叫座"的研究效果；八是坚持有章办事、有人办事、有钱办事、有房办事相结合，形成良好的研究保障体系。

《杭州全书》是杭州学研究成果的载体，包括丛书、文献集成、研究报告、通史、辞典五大组成部分，定位各有侧重：丛书定位为通俗读物，突出"俗"字，做到有特色、有卖点、有市场；文献集成定位为史料集，突出"全"字，做到应收尽收；研究报告定位为论文集，突出"专"字，围绕重大工程实施、通史编纂、世界遗产申报等收集相关论文；通史定位为史书，突出"信"字，体现系统性、学术性、规律性、权威性；辞典定位为工具书，突出"简"字，做到简明扼要、准确权威、便于查询。我们希望通过编纂出版《杭州全书》，全方位、多角度地展示杭州的前世今生，发挥其"存史、释义、资政、育人"作用；希望人们能从《杭州全书》中各取所需，追寻、印证、借鉴、取资，让杭州不仅拥有辉煌的过去、璀璨的今天，还将拥有更加美好的明天！

是为序。

王国平

2012 年 10 月

和谐与创造：
杭州城乡一体化的文化研究
丛书序

经过改革开放三十余年的发展，杭州取得了引人瞩目的成就，一个精致和谐、大气开放，追求生活品质的城市形象已经基本确立。但是，勿庸讳言，除了杭州城区以外，由于杭州还下辖余杭、萧山、富阳、桐庐、建德、淳安、临安等区县市，虽然其中心城市也都取得了长足的建设成就，但是在乡村、在城乡结合部，乃至在城市本身，仍然存在着发展中的不平衡、差距，有些还是严重的。杭州的城市化仍然任重道远，城乡一体化仍然是当今与未来杭州发展的一个极其重要的路径，它不仅是推动杭州经济社会文化共同进步的基本道路，而且也是在更高的层面上建构杭州文明的基本手段。

所谓在更高的层面上建构杭州文明，其根本的目标正如百余年前韦伯所言："当我们超越我们自己这一代人的墓地而思考时，激动我们的问题并不是未来的人类如何丰衣足食，而是他们将成为什么样的人。"（韦伯《民族国家与经济政策》，收入《韦伯政治著作选》，东方出版社，2009年，第12页）城市化作为现代社会的基本形态，为现代性的型塑，无论是经济、政治，还是社会、文化，以及生态，都提供了不容置疑的强有力支撑，但是，同样毋须赘言的是，城市化所带来的城市病，诸如贫富人群的区域化、人的疏离感与无助感等等，以及伴随着城市化的新农村建设，都是必须直面的挑战。

本丛书以杭州城乡一体化的发展为研究对象，从文化的特殊视角来观察、分析在杭州城乡一体化的过程中哪些内容将构成城乡一体化的有机要素，以及这些要素将如何发挥它们的功能，以期帮助处于历史过程中的人们能够从自发的层面进入自觉的层面，从而真正成为杭州城乡一体化这一历史进程中的文化创造的主体。同时，杭州的城市建设处于中国的最前沿，本课题的研究虽然完全是一个基于杭州的个案性地方研究，但对于处在城市化进程中、力求实现城乡一体化的整个中国，至少是对于东南沿海地区，我们希望能提供一定的普遍意义。

从杭州是一个城乡类型众多、族群复杂的大中型城市的现实出发，我们的研究主要采用基于文化结构与功能理论，以及其它文化理论的研究方法，通过个案分析与整体研究相结合，实地调查与文献解释相印证，从五个维度的具体研究内容实现整个课题所设定的研究目标：

1. 城乡互动的维度：城市生活对乡村生活的引动，以及乡村生活对于城市生活的回应，观察与分析这种城乡互动所形成的文化心理张力在城乡一体化中的功能。

2. 社会文化的维度：城乡一体化进程中的新社区、新族群等出现，对社会管理构成了新的挑战，观察与分析这一历史过程中的社会整合与制度文明的不断完善。

3. 公共文化的维度：城乡一体化并非是城乡居民的文化同质化，观察与探讨在城乡一体化的进程中不同阶层与不同族群的文化需求与供给。

4. 核心价值的维度：城乡一体化引动的社会整体转型必然带来社会价值观的多元，观察与凝炼多元社会价值观的共同诉求，从而发现核心价值的呈现。

5. 历史文化的维度：城乡一体化是完全在全球化浪潮下的中国社会转型，观察与探讨中国文化传统在这一转型中的可能性的创造性转化形式及其功能实现。

基于这样的研究,最终形成了《阳动阴随:杭州城乡互动的心曲》、《守正明诚:杭州社会文化的重构》、《抱一分殊:杭州公共文化的协奏》、《事功行德:杭州核心价值的实践》、《推陈出新:杭州历史文化的演绎》五本专著。

我们的研究虽然沿着不同的维度展开,但目光似乎都聚焦于杭州城乡一体化进程中的文化显象与理念:和谐与创造。因此本丛书取名为《和谐与创造:杭州城乡一体化的文化研究》。

应该坦承,在我们的研究过程中,这样的反问是经常浮上心头的:我们的聚焦究竟是客观的现实,还是主观的愿景?唯唯否否。一方面,所有的分析都基于我们的观察,我们努力使自己的观察真实、完整、有效。这样的努力不仅一以贯之地落实在我们的工作过程,而且更是基于我们的工作理念,即科学性的追求构成了我们工作存在的价值基石。但是另一方面,人文社会科学固然同样以追求客观认识为志,但它不同于自然科学的根本之处是在于人文社会科学融入了研究者的价值关怀,无论是自觉还是不自觉。事实上,从根源性的角度说,即便自然科学也同样隐藏着人的关怀。我们所面对的杭州城乡一体化进程中的文化现象,呈现出了超出我们想像的多样性与复杂性,大大溢出了现代性的范围,不仅前现代的因素还在传承或残留,不待细说,即便是后现代的许多要素,从技术到观念,如互联网、游戏、自我与他者,以及地方意识、身体意识、女性意识等等,都无不在当下的文化中涌动与产生影响。因此,和谐与创造,我们深信这是我们对城乡一体化中的杭州文化的客观认识,但也同样是我们对现在与未来的愿景。

本课题受托于杭州国际城市学研究中心,我非常感谢杭州城市学研究理事会王国平理事长对我们的信任与支持,并将这套小书纳入他主编的《杭州全书》。我到杭师大工作以后，有幸参与王主任领导的城市学研究，不仅学到许多东西，而且更是感佩他对学术的敬重与识见，他对杭州的情怀与梦想。

整个研究从 2011 年底启动，几年来课题组成员形成了集体研讨、分头研究的固定工作模式。我非常感谢各位学者的支持与相互配合，尤其是傅德田兄在研究之余还帮我处理本课题的大量事务性工作。

最后我必须郑重说明，虽然具体研究完全由每位学者独立完成，但由于整个框架与思路由我提出，因此对于这套丛书存在的任何不足，我都拥有不可推御的责任，并诚请读者批评指正。

何　俊

2015 年 5 月 18 日于杭师大恕园

前　言

2014 年 1 月 6 日,我乘杭州 B4 路公交车去位于余杭区的一家公司,车上乘客不太多,行车路线有点长,我静静地看着车窗外的景色向后移去。

突然,我面前一位 60 岁左右圆脸妇女的话音引起了我的注意。

"在农村里生活真当好,空气新鲜,种地很舒服。我自己种了一些番薯,长得很好,很好吃,吃不完,我把它好好地放起来,送给朋友,大家很喜欢。""我现在多数时间住在农村,现在农村房子很便宜,很多农民都进城了,房子空在那里没有人住。租金很便宜的。"

她对面的一位妇女说:"很多地方租金都不要的,荒地随便种的。你住那里等于帮他们看房子了。"

圆脸妇女又说:"现在的城里人都愿意住到农村去,环境好,空气好,很舒服的。""农村人去城市干啥? 城市住得不好,空气不好,又拥挤。好好的农村不住,非要往城市里挤,真是搞不懂他们。"

我身旁一位也是 60 多岁的方脸妇女听到这里忍不住接话:"还是城市好,城市生活方便,生活好,设施齐全。农村什么也没有,消息也不灵通。"

圆脸妇女说:"现在的农村可不一样了,有宽带,能上网,什么消息都知道。手机也能上网。农村生活也很好。"

方脸妇女说:"我当了一辈子农民,我和老公结婚 40 年了,农村生活什么样我还不知道。农村忙一年,不如在城里扫马路、做小工挣钱多,现在谁还愿意种地! 农村没有城市好。""我女儿的公公是省文化厅的。十几年前我女儿结婚的时候,他公公都不好意思向单位的人说儿子找了个农民。"

圆脸妇女说:"现在农村条件好了,农村人也有钱了,好多城市人还想当农村人呢。"

方脸妇女高兴了,说:"就是,我们农民现在不比城市人差,我女儿公公家过得也不比我家好，他们现在对我们很客气了。"

说者无心，听者有意，她们的对话打开了我的思绪。

中国有城市的历史，迄今已有 4000 多年了。城市作为人类聚居的一种生活方式，一直是与乡村的生活方式相对而言的。城市生活方式和乡村生活方式相互区别又相互依存。没有城市就没有乡村，没有乡村就没有城市。

城市与乡村长期以来生产方式和生活方式大不相同。城市是集中的、工业的生产方式，乡村是分散的、农业的生产方式。城市是现代的、开放的生活方式，乡村是传统的、封闭的生活方式。在很长时期里，城市生活方式以其文明、方便、舒适吸引了无数乡村人涌入城市，掀起了一波又一波的城市化浪潮。

当前，中国正经历着人类历史上最大规模和最迅速的城市化进程，每年有上千万的农民涌入城市，城市人口占总人口的比重不断上升。杭州作为东南沿海的特大城市，居民中超过三分之一是外来人口。

城市化是人的城市化，是人们为了追求更好的生活从乡村向城市的流动过程。在这个过程中，又出现了一些城市人为了躲避拥堵、污染、嘈杂，从城市向乡村的流动。两种方向的流动，促进了城市和乡村的发展，使城市化进程不是那么单调，呈现出多彩的画卷。

城市化是人的城市化，是人们自主选择生活方式的结果。新中国成立后相当长的一段时期，城市和农村分割的二元户籍制度，限制人口的自由流动，阻碍了城市化的发展。1992 年取消粮票以及后来逐渐取消对人口流动的限制，才使农民有了选择生活方式的可能，才催生了中国汹涌的城市化浪潮。

城市化是人的城市化，是人们的心理经受巨大冲击的时代。城里人不再高傲，乡下人不再卑贱。以往的城市富裕先进、乡村贫穷落后的观念正在逐渐被破除，人们开始重新认识和评价城市和乡村。

中国的城市化推动了城乡互动，正在改变人们传统的城乡观念。

我到站了，要下车了。车上的那几位妇女还在激烈地争论城市生活和乡村生活哪个更好。这样的激烈争论，十年前不会有，再早更不会有，因为那时结论很明显——城市比农村好。而现在城市生活和乡村生活哪个更好却成了问题，这说明时代变了，社会发展了。

中国古代一直用阴阳来比喻和说明事物对立统一的发展和变化。如此，我们就以杭州为例,来展示和诠释当代中国城市化进程中的城乡互动现实。

于是,就有了本书《阳动阴随——杭州城乡互动的心曲》。

现实生活是丰富多彩的,文字的表现力是有限的,一幅图片,有时可以抵得上成百上千的文字。看到这些图片,熟悉杭州的人会感到亲切,不熟悉杭州的人可以更了解杭州。同时,图片也可以把历史形象生动地定格在书本中。书中的图片,大多数为本书作者拍摄,少数选自互联网上,感谢这些图片为本书增加了表现力,请这些图片的拍摄者与本书作者联系。

本书是集体劳动的成果,作者是:石向实,郑莉君,张锦琳,彭帆,余闻问。本书由石向实设计和主持研究工作,并统稿和定稿。

作者在研究和撰写本书的过程中,得到了杭州师范大学副校长何俊教授、傅德田教授的大力支持,得到了杭州市余杭区瓶窑镇张余成镇长热情协助。本书在出版过程中,浙江大学出版社编辑曾建林先生付出了辛勤的劳动。在此,向他们表示衷心的感谢。

石向实

2015 年 6 月于杭州

目　录

第一章　当代杭州的城乡互动

第一节　城市化的冲击

让我们回顾一下历史：1991 年 5 月，广东、海南率先实行粮食购销同价改革。1992 年 4 月 1 日，国务院决定在全国范围内推行这一改革。1993 年，粮油实现敞开供应，粮票被正式宣告停止使用。老百姓再也不用担心离开家乡出门没有饭吃了。

粮票

1993 年，中国取消了粮票。取消粮票是一件大事情，但是谁也没有想到它对中国发展进程的影响是那样的巨大和深远——千百万农民终于可以走出家门外出打工了。亿万农民离开乡村，涌入城市，去追寻更好的生活，从此开始了人类历史上从未有过的最大规模和最快速的城市化进程。

城市化（urbanization）又叫城镇化，是指居住在城镇地区的人口占总人口比例增长的过程。城市化是一个地区社会经济发展水平由不发达到发达的发展过程，也是社会文明发展的一个标志。一般把某地区城市人口占该地区总人口的比例，作为说明城市化程度的指标。

四处找工作的进城农民

杭州作为浙江省省会、东南沿海的中心城市，吸引了无数的打工者。来自全国各地的打工者，有的是只身一人，

1

有的则拖家带口,肩扛手提着大大小小的行李,涌向杭州,期望在杭州能够找到合适的工作,挣到比务农更多的钱,改善自己的生活,让孩子能够有更好的未来。他们怀着对幸福生活的憧憬,离乡背井,来到了杭州。

周恩来总理陪同美国总统尼克松游览杭州西湖

大量农民涌入城市,为城市的工业和服务业提供了充足的廉价劳动力,中国的经济迅速起飞,城市面貌日新月异。

就拿杭州来说,自 1949 年到 20 世纪 90 年代初,杭州的市容市貌虽然有不小的变化,但是整体上还未脱离 20 世纪中期的旧时模样。破旧的老房子,狭小的城区,与闻名天下的西湖美景形成了强烈的反差。1972 年,美国总统尼克松访问中国,周恩来总理陪同来杭州游览。事后,尼克松竟然这样评价杭州:"美丽的西湖,破旧的城市。"

我们来看一组照片:

2008 年前的杭州火车东站

2013 年启用的杭州火车东站

市容市貌是城市发展的直观印象。杭州城市的市容市貌的巨大变化大概是从 20 世纪 90 年代中期开始的。在此之前的几十年,杭州的市容市貌虽然也有变化和改善,但是总体上改变不大。一个杭州人外出十几年回来,可以很容易地找到自己的老墙门。然而,从 20 世纪 90 年代中期开始,杭州市容市貌的变化,用日新月异来形容,真是十分贴切。一个杭州人外出回来,不用说十几年,就是几年甚至几个月,就可以感受到自己家门口发生的巨大变化。人们感受到,杭州这座城市越来越富裕了,越来越漂亮了,越来越美丽了,越来越现代化了。

1990 年杭州主城区一处街景

2014 年杭州文二西路街景

　　现代化的杭州，有难以计数的公司和工厂，有几十所学子向往的大学和学院，有繁华热闹的街市，有形态各异的高楼大厦，有川流不息的大街马路，有商品琳琅满目的市场和商厦，有灯红酒绿的餐馆和酒吧，有丰富多彩的文化和生活。

杭州西城广场的娱乐设施

　　人们可以感受到杭州这几十年来的巨大发展和变化，但是很少有人把它同中国的城市化联系起来，很少有人想到这正是中国城市化的表现和缩影，很少有人想到中国的城市化正在强烈地冲击着人们的心理、观念和生活。

　　"钱塘自古繁华。"杭州之所以千百年来被人称道，是因为杭州不仅有美丽的山水风光，而且杭州一直是物产丰富的锦绣江南、鱼米之乡的中心地带。于是，"上有天堂，下有苏杭"，杭州誉满天下。

2003年整治后的西湖南线景观

　　杭州是中国古代农业最发达的地区之一。杭州发达的农业，与其得天独厚的地理和气候条件密不可分。杭州处于亚热带季风区，四季分明，雨量充沛。全年平均气温17.8℃，平均相对湿度70.3%，年降水量约1454毫米，年日照时数约1765小时。杭州地处杭嘉湖平原，河流纵横，水网密布。这里的农业，无旱涝之忧。只要精耕细作，便可年年丰收。这里的土地，都是最适宜耕种的良田。几千年来，这里的农民都珍爱这里的土地，在土地上劳动，就可以带来衣食和财富。

杭州市戴村镇的良田　　　　　　　　　　　　荒芜的农田

中国的城市化不仅改变了城市，也改变了乡村。杭州的农民不再满足于种田的收益，为了获得更多的收益、过更好的日子，他们中的许多人离开田头，外出打工，开办工厂，只留下少数人在田地上耕种。有的农民把自己的田地出租给他人耕种，有的人忙于打工或做生意，任由良田荒芜。

这就是城市化的冲击：当代中国的城市化进程，改变了每个中国人的生活，影响了每个中国人的心理、观念和生活方式。

第二节　对城市的向往

"城市化"是当今中国人最关注的问题之一。

中国的城市化进程也引起了外国人的注意，2001年诺贝尔经济学奖得主、曾任世界银行副总裁和首席经济学家的美国哥伦比亚大学教授约瑟夫·尤金·斯蒂格利茨(Joseph Eugene Stiglitz)认为，影响21世纪人类社会进程最深刻的事情有两件，第一是以美国为首的新技术革命，第二是中国的城市化。工业化创造供给，城市化创造需求。城市化是消费需求和投资需求的结合点，是未来经济发展的持久动力。

城市化是当代中国最重要的历史进程。

城市化是工业化的必然产物，也是一个国家或地区社会现代化的重要标志。一般情况下，一个国家或地区的城市化程度越高，越能有效地利用资源，越能建立高效的社会服务体系，越能更好地发展生产力。社会经济的发展与城市化水平的提高有着高度的相关性。

杭州作为中国东南沿海地区经济发达的中心城市，吸引了几百万来自各地的

杭州钱江新城

人到这里谋生、创业和寻找更好的生活机会。这些人当中,大部分是农民工和他们的家属,他们来到杭州,为心中的梦想寻找机会。

经常可以听到有些城里人说:"城市这样拥挤,农村人来到城市又找不到好工作,住得又不好,干什么还拼命往城市里挤?"

是啊,农村人为什么都想进城? 农村人为什么向往城市?

我粗略地归纳了一下,农村人向往城市生活有这样一些原因。

他们向往城市高水平的生活方式。

农村的产业结构以第一产业为主,即以种植业和养殖业为主。城市的产业结构以第二产业和第三产业为主,即以工业和服务业为主。在中国当前的经济环境中,第一产业的收益比较低。第二产业和第三产业的收益比较高。随着中国经济的发展,中国第一产业在整个国民经济中的比重越来越低,2013 年中国农业占 GDP 比重第一次在中国历史上降到了 10% 以下,意味着中国农业面临着一个重大

杭州四季青服装市场的卖家多数来自农村

调整时期,中国分散的家庭农业已经不适应现代经济和农业发展的需要了。这同时也表明,中国传统的城乡结构已经不适应经济和时代的发展了,产业结构的变化使得在城市里工作比在农村工作有更高的收益,就是说,农民在城市里打工比起在农村种地能够挣到更多的钱。

杭州市黄龙雅苑住宅小区

谁都想过好日子。想过好日子就要有钱。为了挣到更多的钱，过更好的日子，像城里人那样生活，千百万农民离开农村，走进城市。

他们向往城市高水平的公共服务和公共设施。

在城市里，有比较完善的公共设施，有较高水平的公共服务，为城市市民的生活和工作提供了便利和良好的条件。而这些在城市人眼中理所当然的东西，在农村就成了奢侈品。

在农村生了病要去大医院，是一件相当吃力的事情，费时费力又费钱。想去看一场立体电影、看一场高水平的体育比赛，必须赶到城市才行。购物、邮寄物品，存钱取钱都要比城里人多花很多时间，而且得到的服务可能比城市的服务差，等等。享受高水平的公共服务和公共设施，是实实在在的生活质量，就是在享受政府花在公共服务和公共设施上的投入。

杭州市第一人民医院

谁都想过高质量的、方便的生活。要想过高质量的、方便的生活，只有来到城市。

杭州市黄龙体育场

他们向往城市高水平的社会保障。

社会保障是指国家通过立法,积极动员社会各方面资源,保证无收入、低收入以及遭受各种意外灾害的公民能够维持生存,保障劳动者在年老、失业、患病、工伤、生育时的基本生活不受影响,同时根据经济和社会发展状况,逐步增进公共福利水平,提高国民生活质量。在我国,社会保障主要包括医疗保险、养老保险和最低生活保障制度三大部分。当

杭州西湖边跳舞休闲的老人

前,我国城市和农村的社会保障水平是不一样的。对此,一般的说法是,城镇社会保障制度逐步建立和完善,农村社会保障制度建设也在顺利地向前推进。也就是说,城市已经有了社会保障制度,主要的问题是加以完善。而农村面临的问题则是建立社会保障制度。这说明,城乡之间的社会保障水平目前还存在不小的差距。

他们向往城市高水平的教育体系。

在城市里,特别是在大城市,有配套齐全的教育体系。在居民小区周边,有幼儿园、小学和中学,市民的子女可以很方便地就近得到良好的教育。同城市相比,乡村由于单个村子人口少,村民居住分散,并不是每个村里都有小学,往往是几个村子才有一所小学。而中学一般只在乡镇才有。农村的孩子往往要跋涉几里路甚至十几里路上学。并且,城市里

杭州市嘉绿苑小学

的小学和中学的教学设施和师资条件,更是远远好于乡村。在当今中国,父母们都十分重视子女的教育,谁都希望自己的子女能够接受好的教育,农村人羡慕城市人的教育条件。

而且,城市里还有大学,大学代表了城市的文化水平,引导着城市和地区的思想文化风尚,引领地区的科学技术,提升了地区的品位和形象。上大学,只能

杭州师范大学图书馆

到城市去,城市是农民的教育圣地。

他们向往城市方便快捷的通讯和交通。

尽管现在中国的多数地方已经达到乡乡通公路,在沿海发达地区达到了村村通公路。但是与城市相比,乡村的交通还是差了许多。村民要买卖东西、办事、看病、走亲访友,还做不到说走就走,要事先安排交通工具。不像城市里,居民想去哪里,抬腿就走,有四通八达的公共汽车,有招手即停的出租车,有快捷的地铁,有十分方便的公共自行车。农村人如果要乘坐飞机、高速铁路和轮船,必须要先来到城市。

杭州的公交车

现在中国的农村里,都已经通了电话,许多村民都有了手机,农民家里也可以上网。但是同城市相比,网络的覆盖和速度,仍然有许多局限。手机的信号,也覆盖不了所有的地方。通信产品,选择范围也远小于城市。

杭州市的公共自行车

他们向往城市丰富多彩的文化生活。

同城市相比,农村的文化生活仍十分简单。农民劳动或学习之余,除了看看电视、串门聊天,打打麻将,就几乎没有什么了。而县里或城市的剧团下乡演出,村民十里八里的赶去观看。看立体电影、外国剧团演出、明星演唱会、大型体育比赛,只有去城里才有机会。而且一个地区的大型文化和体育设施,比如图书馆、体育场馆、剧院、电影院、博物馆等等,都建在城市里,农村人要想享受这些文化设施,必须来到城市才行。

杭州图书馆

杭州大剧院

为了追求更好的生活，为了让自己的下一代有更好的生活，千百万农村人宁愿离开故乡，愿意付出青春和汗水，愿意抛妻别子，愿意忍受苦难，前往城市去打拼未来。

第三节　对乡村的依恋

中国几千年来，传统文化和统治者一直提倡以农为本，中国的城市长期发展缓慢。新中国成立以后，一直到改革开放之时，在讲到国情时，总是强调不要忘记中国人口 80% 是农民。农民一直是中国人口中最大的部分。

杭州市中心的一家土菜馆

现在的城里人，追溯起来，大部分也都来自乡村。就拿杭州来说，1949 年，全市总人口为 288.08 万人，其中市区 62.48 万人。截止到 2012 年底，杭州常住人口 880.2 万人，其中城镇人口为 653.99 万人。杭州城市人口的增加，除了自然增长之外，相当一部分是外地迁入和农业人口转为城镇人口。

仔细说起来，现在的城市居民，还真没有多少人祖辈都是城市市民。许多人往上追溯一两代、两三代，就会发现祖辈就是农民。可以说，中国的城市居民，大多数人都同乡村有着深厚的血脉联系。

这种联系，不仅是家族的历史的联系，而且也表现在生活方式和文化传统之中。

有人讲，一个人的饮食口味和习惯，是从小养成的。一个人在幼年经常吃什么，他在成年之后，就会习惯吃什么，喜欢吃什么。所以，湖南人喜欢吃辣，江南人口味偏甜，都是从小养成的。

不知是从什么时候开始，在城市中陆续出现了许多土菜馆、农家菜馆，而且食客盈门，很受大众欢迎。许多人就是要尝一尝农村的味道，唤起自己儿时的记忆。

杭州龙井的一家农家乐

这是一种城市人对乡村的依恋情感，一种说不清的感觉。虽然农家土菜烹饪简单，口味传统，但就是吸引了许多人经常前往。他们去哪里，就是要体验熟悉的味道，寄托自己对家乡的怀念。

城市人见惯了高楼大厦和车水马龙，放眼望去，目之所及，除了建筑就是房子，使人难免有一股压抑之感。上班的人和上学的学生，奔波在拥挤的路上，忍受着噪音和汽车尾气。回到家里，身心疲惫。成天如此，城市人在享受城市现代化生活的同时，开始怀念乡村的悠闲，想念乡村清洁的空气。于是，许多城市人前往乡村休闲度假，大量的农家乐应运而生。

城市人去农家乐休闲，要的是那种与城市生活不一样的风格，要的是那种乡村的味道，感受记忆中的乡情。

在杭州西溪湿地国家公园边上，有这样一处叫作"西溪太美市民农场"的地方：市民每天出10元钱，就可以在这里认领一块土地，可以种花、种菜，办一个自己的袖珍农场。闲暇之时，带上家人和孩子，到这里种种地、干点农活，当一回农民。

杭州临安白沙村农家乐

在这个农场里，由集体、家庭和个人认领的土地一块接着一块，上面种着各式各样的作物，可以看到家长带着孩子在地里劳动，不时可以听到孩子惊奇和快乐的叫声。到了节假日，这里更是一派繁忙景象，田地里到处都是劳作的人群，荡漾着阵阵欢歌笑语。

到了水果成熟的季节，许多城市人带着家人，叫上朋友，来到果园，参加采摘游。亲手摘下水果，尝尝味道，乐在其中。

城市与乡村是相对而言的，城市与乡村是两种不同的生产方式和生活方式。城市的产业基本上都是第二产业和第三产业；乡村的产业以前基本上是第一产业，现在第二产业所占的分量逐渐大了起来，第三产业的份额一直较小。城市人的生活方式是现代的，受宗族和传统文化的影响较

杭州西溪太美市民农场

小；乡村人的生活方式是传统的，宗族邻里和传统文化仍然有相当的影响。然而，城市生活与乡村生活并没有截然的界限，我们在城市里也可以找到乡村的痕迹，在乡村里也可以看到城市的影子。

在当代中国，城市和乡村之间存在巨大的差别。这种差别，既是物质上的，表现在生活水平和发展水平上；也是文化和心理上的，表现在思想观念和文化习俗上。正是由于存在着差别，才产生了城市人对乡村生活的探寻，这是在寻根，寻找家庭之根，寻找文化之根，寻找心灵之根，才有了城市人对乡村的依恋。

在杭州西溪太美市民农场劳作的一家人

杭州夏季水果采摘游

第四节　那是我的家园

这些年,在杭州流行着这样一个词汇——"新杭州人"。所谓新杭州人,是指原本户籍不在杭州,通过上学、工作调动、求职、打工、投亲靠友,从外地迁入杭州,在杭州定居的人。

在这些新杭州人中,人数最多的是来杭州务工者,就是人们通常所说的农民工。杭州是中国农民工最密集的城市之一。农民工大量涌入杭州,极大地改变了杭州的城市发展。外来人口流入已经成为杭州城市人口不断增加的主要原因。

有关部门的数据表明,2009 年杭州市登记人口数量首次突破 1000 万人。与2000 年相比,10 年间增加了 311.24 万人,增长 31.02%,年平均增长率为 3.45%。在增加的人口中,杭州市户籍人口增加 61.80 万人,外来人口增加 249.44 万人,外来人口占人口增加总数的 80.14%(详细数据见表 1-1)。如果杭州市人口按照这个趋势和增长率发展,2020 年杭州市人口数将超过 1500 万人,市区人口将超过1000 万人。

表 1-1　2000 年—2009 年杭州市人口数①

单位:万人

年份	杭州市户籍总人口数	杭州市户籍中非农业人口数	登记外来人口数	合计
2000	621.58	227.00	70.60	692.18
2001	629.14	237.77	84.65	713.79
2002	636.81	252.02	119.28	756.09
2003	642.78	263.67	157.86	800.64
2004	651.68	282.58	187.56	839.24
2005	660.45	297.54	218.88	879.33
2006	666.31	309.78	249.33	915.64
2007	672.35	323.75	274.97	947.32
2008	677.64	340.76	293.10	970.74
2009	683.38	354.48	320.04	1003.42

① 数据来源:《2010 年杭州统计年鉴》和杭州市公安局年度报表。

下图是 2000—2009 年杭州市人口变化图,从图中可以看到,10 年间,杭州市户籍人口增长平稳,从 621.58 万人增加到 683.38 万人;外来人口增长迅速,从 70.60 万人增加到 320.04 万人;外来人口占杭州市人口的比重不断提高,从 11.35% 增加到 31.89%。

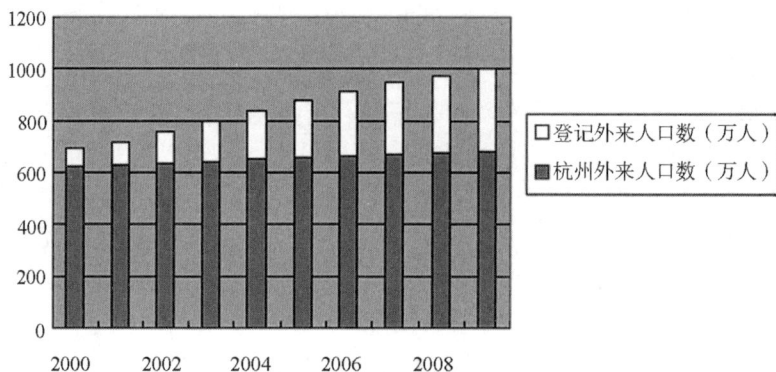

2000—2009 年杭州市人口变化图

上面所说的外来人口仅仅是登记过的外来人口,还有大量的外来人口没有在居住地进行过登记,实际的外来人口数量要高于登记外来人口数量。现在的杭州市,大约 3 个人中就有 1 个是外来人口。在外来人口中,绝大多数是农民工和他们的家人。

2007 年 2 月 16 日,国务院批复了《杭州市城市总体规划(2001—2020 年)》,在总体规划中,明确杭州未来的城市空间布局将从以旧城为核心的团块状布局,转变为以钱塘江为轴线的跨江、沿江,网络化组团式布局,组团之间保留必要的绿色生态开敞空间(见下图)。

然而,距国务院批复《杭州市城市总体规划(2001—2020 年)》仅仅 10 个月,2007 年 12 月下沙副城规划就进行了调整,调整后的下沙副城将和主城区“无缝对接”,下沙副城和主城区之间规划的“绿色生态开敞空间”被迫取消。规划调整的一个极其重要的原因,就是没有考虑到我国迅猛的城市化进程对城市发展的影响,没有想到会有如此之多的农村人口涌入杭州,没有想到会有那么多的外来人口涌入下沙。以至于杭州地铁的第一条线路就首先选择开通到下沙。

现实表明:万千默默无闻、辛勤工作的农民工已经极大地改变了杭州城市发展的轨迹,新杭州人使杭州变得更加繁荣和富饶,而杭州也成了新杭州人的美丽家园。

面对这种形势,杭州市政府与许多企业和单位,开始关注新杭州人,努力为他

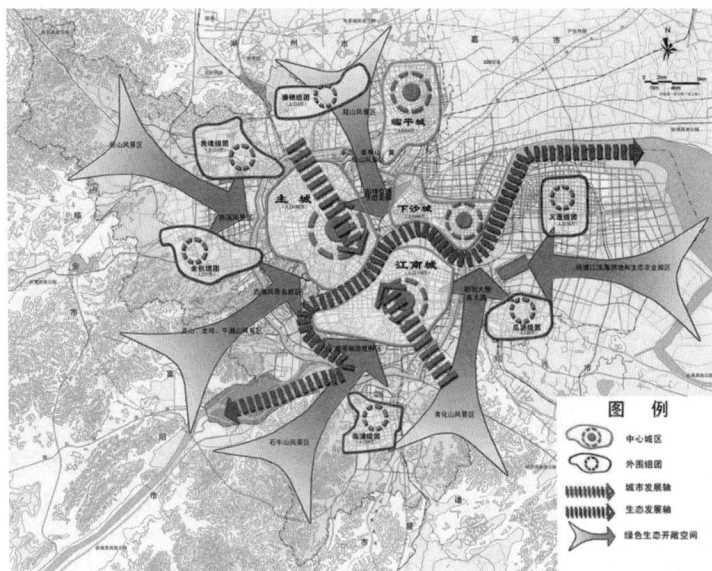

杭州市城市总体规划图（2001—2020 年）

杭州地铁

们做一些实事,帮助他们尽快融入杭州这个家园。

2011 年,杭州市出台了《关于切实加强领取〈新杭州人求职登记证〉人员就业援助的通知》,指出,"新杭州人"是指在杭州主城区稳定就业并在主城区连续缴纳社会保险费 6 个月以上的非杭州地区户籍进杭务工人员。鼓励新杭州人在杭安居乐业。杭州市为新杭州人制定了自谋职业自主创业补贴、一次性带动就业奖励、小额担保贷款和贴息、场地租金减免、与城镇失业人员同等的培训政策五项扶持政策。这五项政策突出了创业带动就业和提升职业能力两大主题,首次把杭州市积极的就业创业政策覆盖至新杭州人。这项积极的就业政策不仅仅针对新杭州人,也惠及整个杭州地区的农村劳动力。杭州的农村劳动力，可凭在当地办理的《农村劳动力求职登记证》享受《通知》规定的新杭州人扶持政策和公共就业服务。符合条件的新杭州人失业后，可申领《新杭州人求职登记证》。持证人员将进入全市人力资源就业服务系统，享受公共就业服务。

随着经济社会的发展，杭州吸引了越来越多的外来务工人员创业就业，如何让他们在杭州体面劳动、尊严生活，是杭州市各级工会十分关注的重大问题。2008年，杭州市总工会发现，一些外来务工人员集中的城郊接合部、工业园区、民工公寓，职工文化活动设施严重不足，许多外来务工人员业余时间无处可去。针对这种情况，市总工会针对外

杭州钱江新城

来务工人员特别是新生代农民工远离家乡、缺乏亲情温暖、好活动的现状，提出建设"新杭州人文化家园"。杭州市总工会首先在下城区天堂园开发区进行试点，拨出35万元专款在民工宿舍开通了有线电视，并在民工宿舍边上兴建了一个篮球场和羽毛球场，开设了一个小型的"职工书屋"。天堂园"新杭州人文化家园"建立后，深受外来务工人员的欢迎，球场几无空闲，书屋人流不息，宿舍里不时传出欢声笑语，"新杭州人文化家园"彻底改变了这里的5000多名外来务工人员"上班—吃饭—睡觉"的生活模式。

从2008年10月起，杭州市总工会在全市全面推行"新杭州人文化家园"建设。市总工会主动争取政府相关部门对"新杭州人文化家园"建设的支持。杭州市总工会对每新建一家"新杭州人文化家园"，补助3万元开办费。杭州市图书馆为"职工书屋"的借书证开通了借书一证通。杭州市体育局按每家"文化家园"1万元标准配置体育健身器材，动员企业将内部的"文化家园"向企业外的外来务工人员开放，以提高"文化家园"的利用率①。

一些单位和企业在除夕举行聚餐团拜、吃年夜饭等活动，让远离亲人的新杭州人感受到关怀和温暖，帮助他们逐渐融入杭州这个家园。

中国人在文化传统上历来十分重视家的观念，重视家庭。什么是家？家就是

---

① http://acftu.workercn.cn/c/2011/01/20/110120152406968421848.html.

父母儿女团聚在一起。一家人在哪里能够在一起,哪里就是家。什么是家乡?从小和父母一起生活的地方就是家乡。什么是家园?那个温暖亲切、萦绕在心中的地方就是家园。

杭州市西湖区总工会、留下街道办事处举办的 2014 年新杭州人吃年夜饭活动

长期以来,受条件和观念限制,中国人往往祖祖辈辈长期生活在一个地方,很少迁徙流动。改革开放以后,为了追求更好的生活,大批中国人离开家乡,去陌生的地方打拼和追求幸福。他们为了自己的家,离开了家乡,去寻找新生活的家园。

杭州,是老杭州人的家乡,是新杭州人的家园,同时也是老杭州人的家园。

杭州,是我们的家园。

第二章　杭州城市生活方式

　　杭州,中国八大古都之一,古时曾称"临安"、"钱塘",有着深厚的历史文化积淀。杭州,在历史发展的长河中源源不断地向前发展,向世人展示了这座历史文化名城的独特魅力。它是一座让人眷恋的"人间天堂",让人们心里缠绵着无尽的爱恋。这是一座让人们骄傲的城市,它给人们的生活、工作、学习等都带来了无尽的享受,让生活于此的人们感受到了温暖与舒适。

第一节　工作学习

　　我们经常会从一些外地人的口中听到对杭州这座城市的称赞。或许,它的魅力就在于无论你是本地人还是外地人,只要在杭州这座城市工作、学习或者生活,它都会给你带来温暖的感觉,很快消除你的陌生感,给你带来家园的幸福。这些幸福,是每一个在杭州的人们共同给予的,他们用自己的情感和双手,给世界呈现了一个祥和的杭州。

城市美容师。

　　杭州城市风光秀美的背后,有这样一个群体,他们用一双双布满老茧的手,打理出了迷人的杭州。每天,太阳还没升起的时候,他们就已经骑着自行车,带着扫帚,穿梭于城市的大街小巷。夜深人静的时候,他们才收起自己的工具,默默地离开。夏天,他们在酷热的阳光下暴晒;冬天,他们冒着寒风工作到很晚。从春夏

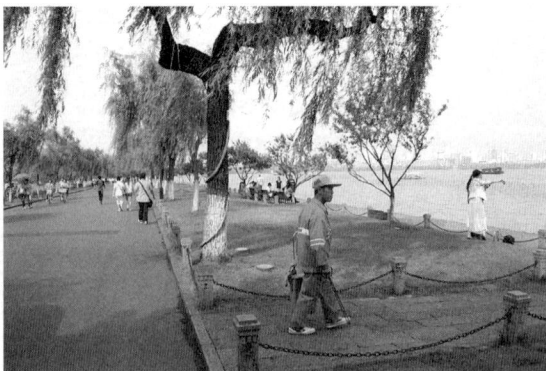

杭州的环卫工人

到秋冬,他们为这座城市的美丽贡献着自己的力量,他们就是辛勤的环卫工人。

一座城市的发展,离不开高端人才,离不开领导者,离不开城市的规划者,同样也离不开这群默默地辛苦工作着的环卫职工,他们是城市的维护者,是城市的美容师。

杭州的城市清洁工人,大部分都是外来务工人员,主要来自于江西、江苏、河北、安徽、四川等地。他们中的很多人都是想到大城市找份工作补贴家用。杭州给了他们无限的憧憬和期待,他们愿意选择这座魅力十足的城市。2009年底,浙江省政府出台了《浙江省人民政府办公厅关于进一步改善环卫工人工作生活条件促进环卫事业持续健康发展的若干意见》,环卫工人的月收入有了较大的提高。现在环卫工人的月收入共由两部分组成,一部分是基本工资,另外一部分是岗位津贴。如果加班,一律按国家规定发放加班工资。此外,环卫工人还享有五险一金的待遇。杭州市政府对环卫工人的医疗、住房、业余生活等方面给予了较多的关注。医疗方面,考虑到他们工作的特殊性,很容易受到灰尘的侵扰,患上皮肤病,为他们准备了日常生病所需的药品和医疗设备,使他能够得到方便的医疗服务。

据2013年《杭州市容环卫行业发展报告》显示,杭州市已为1748名环卫外来务工人员解决了住房问题。

为了丰富环卫工人的业余生活,让他们在辛苦工作之余能够享受到生活在杭州这座城市的乐趣,西湖区城管局建设了"环卫新杭州人文化家园",让辖区内的环卫工人有了一个学习、健身、娱乐的好去处。

2012年10月,杭州市下沙地区举办环卫工人技能比武大赛,百余位环卫工人代表各展绝活,有的甚至能在2分钟内绑扎好一把新扫把。

2011年10月26日,杭州市在省人民大会堂召开"2011年度杭州市市容环卫工作先进集体和先进个人"表彰大会,大会强调,杭州要落实对"城市美容师"的福利待遇政策。在杭州,市民很尊重环卫工人。歧视、不爱护环卫工人的劳动成果的行为受到市民的鄙视和谴责。杭州的环卫工人在杭州的上班族中是工作条件最差和最辛苦的,他们的境遇,可以折射出杭州这座城市的工作环境。

杭州市有135个为环卫工人提供的爱心休息点

大年初一杭州市民给环卫工人拜年

城市艺术家。

在杭州的大街小巷,可以看到很多城市雕塑,甚至是一些公交站台旁,都会有一些栩栩如生的雕塑。它们有的反映生活,有的体现情感,各种角色和形象,给人留下了深刻的印象。

杭州紫金港路旁的雕塑

杭州似乎是个培养艺术家的好地方,这块土地赋予了人们太多的灵感。人们漫步于西湖边,欣赏这神奇的美景,或许突然之间就会产生一些奇思妙想。这是一个富于灵感和创意的城市,这个城市的艺术家们,用他们的作品给城市注入了凝固的画卷,使得这座城市动中有静,静中有动。

西湖边的雕塑

　　杭州市雕塑院创建于 1983 年 9 月,地处杭州灵隐景区,环境优美,拥有全国美展金奖获得者雕塑家林岗、赖远纯和一批优秀青年雕塑家,设计创作力量雄厚。武林门、涌金门景区、钱塘江岸、河坊街、市民广场,甚至很多学校和公交站台上都可以看到城市雕塑,这些雕塑有的定焦现实生活,有的展现艺术家们的艺术情怀和创造想象,风格各异,形象生动。

杭州师范大学校园

良师益友。

　　大学城也是杭州的一道亮丽的风景线,充满了青春和活力,担负着城市的未来。

　　学校之所以有独特的魅力,源于学校的学生和老师。杭州是个温暖的城市,在这里的学生每天都可以感受到浓浓的温情。学校的建设和发展牵动着他们中的每一个人，不仅是杭州的本地学生，外地学生对学校和城市也充满了感恩，他们对学校的感情并不会随着毕业或者返乡而消失。他们对杭州这座城市心怀感激，是杭州让他们体会到了异乡求学的温暖，是杭州给了他们年轻时最美好的回忆。这里的老师，会放弃回家吃饭的机会和你一起挤食堂，

杭州师范大学研究生毕业时向导师献花致谢

会放弃自己的爱车和你一起坐公交，他们会心疼学生的身体，不断嘱咐你的一日三餐要保证，会在下课时和你谈人生、谈理想，会说"对不起"、"抱歉哦"、"这只是老师自己的观点而已"，会亲切地呼你的小名，对学生不懂的问题会手把手地教而不厌其烦。这里的同学，会因为帮助别人牺牲自己的时间，会因为你的一个愿望而倾尽所有，会在心情不好时安静地陪你待着，倾听你的诉说，会陪你做想做的事。他们是生活在"天堂的孩子和老师"，因此，他们就像天使一样的活着，不仅为自己，更为身边的人。

媒体人。

一个城市形象的塑造，不仅在于"看得见的城市"，还在于"隐形的城市"。所谓"隐形的城市"，指的是价值观和良好的道德等城市的软实力。而传播城市的软实力，媒体起到了关键性的作用。为媒体工作日夜辛劳的媒体人，将城市的形象借助媒体的工具宣传出去，在大家心中建立起了一个充满希望的杭州。

杭州著名媒体人于虎

2013年1月，"让爱导航·发现最美"2013"美丽杭州"媒体公益传播活动首批推出的《最美》、《遇见》和《迫在眉睫》3部公益宣传片，在公交电视、地铁电视以及武林小广场等户外LED

大屏幕播放,让市民、游客真切体会到了杭州正能量的温馨传递,感受到了属于这个城市的共同温暖。3部公益宣传片在腾讯视频、土豆网等陆续上线后,引来了网友的强烈关注。

将杭州城"最美"的形象传播出去,这对于媒体人来说是一项艰巨的任务,是广大市民赋予他们的一种责任,他们需要想出更多的办法让杭州城的正能量散发出去,感染更多的人。

杭州公益宣传片《最美》

说到美,杭州不但拥有外在美,更多拥有的是内在美。在这座城市,你永远不会担心迷路,因为总会有很多热心的路人主动提供帮助,也不要担心走人行道时会和机动车发生冲突,杭州的公交车在斑马线前主动让行,几乎已成为杭州另一道标志性的风景,让初到杭州的外地人有些不习惯。杭州公交集团从2007年1月开始创建了以斑马线文明礼让为主导的公交安全服务文化。公交车司机严格做到"见人必让,让必彻底"。在杭州过人行道时,行人会体会到这种"贵宾"待遇。这是杭州这座城市的"魅力",它离不开媒体的传播,更离不开的,是这座城市中的每个人的贡献和付出。

杭州公益宣传片《最美》

第二节　衣食住行

女装之都。

服装是体现美的重要途径，体现个性和气质的服装已经成为时代的风尚，杭州的女人对服装的要求更强调品味。她们向往美丽与高贵，对服装的要求很严格，她们生活在杭州这座"时尚衣橱"里，各式各样的服装样式任由她们挑选。

享有"中国女装之都"美誉的杭州，在国内的服装市场占据重要地位。就杭州本土服装品牌来说，

杭州四季青女装批发市场

有"江南布衣"、"浪漫一身"、"红袖"、"女性日记"、"秋水伊人"、"蓝色倾情"、"南风"、"古木夕羊"、"熏香"、"永远的女人"等。外地的服装品牌更是大批进驻杭州，在杭州的服装市场上绽放光彩，也深受杭州市民的喜爱。被市民亲切地称为"小四"的"四季青服装批发市场"更是本地市民甚至是外地商人进货的重要渠道。四季青服装批发市场创办于1989年10月，是全国著名的大型服装专业批发市场，获得了"全国百强纺织品服装市场"、"全国乡镇企业供销系统先进集体"、"中国消费者满意服务单位"、"中华优秀企业"、"浙江省规范化市场"、"浙江省文明市场"、"杭

杭州四季青服装批发市场

州市文明单位"等诸多荣誉。以杭州四季青服装市场为龙头的杭海路，被杭州市政府命名为"四季青服装特色街"。

除了这个特色街区以外，"杭州龙翔服饰城"、"杭州天阳明珠服饰城"、"杭州环北服装批发市场"、"武林路女装街"等都是杭州市民购买服装的选择。不同的市场定位，吸引着不同的消费人群。环北和四季青是海淘客的首选之

杭州武林路女装街

地,喜欢个性但缺乏一定经济基础的年轻女孩大多会前往"龙翔"和"明珠"淘宝。武林路女装街是一个典型的服装特色街区,是杭州中高档品牌女装的时尚发散之地,通常是中高级收入的白领阶层的消费场所。作为杭州精品街的武林路,是一条全长 1650 米,南起庆春路、北至体育场路的购物街。原本的武林路只是一条很平凡的商业街,但是自从武林广场的银泰百货、杭州大厦、杭州百货大楼等陆续兴起,附近的武林路也被带动起来,形成一条精品购物街。它是上班族的一个不错的选择,以服装为主要经营内容,形成了一条规模较大、个性时尚、服饰店云集的杭州第一条女装特色街。武林路对于杭州的意义,就像长乐路之于上海、Soho 之于纽约、Siam Square 之于曼谷一样,这里是杭州女人们的时尚衣橱。近年来,武林路已不仅局限于"女装销售"的单一身份,而是迎来了二次提升,杭州武林夜市闪亮登场。市民可以在武林夜市买到很多有创意的小商品,很多都是纯手工制作的,很有收藏价值。这个夜市不只晚上营业,周末和法定节假日都是全天营业的,给市民带来了方便。在这里不仅能买到可爱的小商品,还能品尝到一些来自各地的独特小吃,让市民一饱口福。

丝绸之府。

杭州素有"丝绸之府"的美称,有绸、缎、罗、锦、纺、绒、绉、绢等十几种产品。杭州的丝绸带着江南特有的温婉雅致,泛着优雅的珍珠光泽,特别适合用来衬托女子温文尔雅的气质,所以丝绸品也多为女性设计。杭州最前卫的女性和最传统的女性都倾向于丝绸材质的服装,质地柔软的丝绸,与水一样的杭州女性浑然一体,和谐统一。

杭州人都锦生是都锦生丝织厂的创办者,1922 年他创办了杭州都锦生实业有限公司,是杭州织造产业的代

杭州丝绸女装

表。公司主要生产丝织工艺品和真丝绸缎两大类近千个品种,特色产品是织锦,深受海内外宾客的欢迎。品种主要分为像景织锦、装饰织锦、绸缎、服饰产品和家纺产品,适宜于传统和现代家居及宾馆装饰。产品雍容华贵,富丽堂皇。公司产品1926年获得美国费城世界博览会金奖,并多次获得国家金奖、银奖。都锦生织被被誉为神奇的"东方艺术之花",产品远销欧美、港澳台等20多个国家和地区。因此,杭州有着深厚的丝绸和织造基础与实力,为江南女性典雅的穿着提供了产业基础。

美食天堂。

美食是一份心情,一种享受。烹饪,是一种文化,一门艺术。坐拥西湖美景的杭州人在饮食方面的讲究可以说是由来已久。有句俗谚讲:"不到长安辜负眼,不到杭州辜负口",讲的就是当时杭州饮食的盛况。而"苏州卖花、上海卖报、杭州卖吃的",强调的也是杭州美食在全国的重要地位。"首届中国美食节"在杭州成功举办,吸引了全国美食专家的眼球,杭州菜从此走向全国。

杭州楼外楼餐馆

杭州菜俗称杭帮菜,杭州菜属中国八大菜系之浙菜,"清爽别致"是杭州菜的最大特色。因此,无论是南方人还是北方人,都会乐于接受杭帮菜。然而,杭州人眼中的杭帮菜是分城里帮和湖上帮的。城里帮的菜像家常菜,更大众化一些。而湖上帮的代表就是楼外楼,菜品以西湖鱼虾为主,讲究的是美食和美景的结合,消费层次要高一些。

近几年,杭州美食业发展势头迅猛,兼收并蓄,积极向外拓展。涌现出了一大批知名的餐饮美食品牌企业。在历年的中国美食节中,有13家杭帮菜企业被评为"中华餐饮名店",有5

杭州湖滨路上密集的餐馆

杭州知味观餐馆

家被授予"国际餐饮名店"荣誉称号。杭州餐饮美食门店规模不断扩大,营业面积超过一万平方米的餐饮企业已为数不少。此外,连锁经营已成为杭州美食业发展的一种趋势,外婆家、九佰碗、新丰、知味观以及洋快餐企业均通过对餐饮美食市场的细分,成功地锁定消费人群从而得到了良好的发展。杭州清河坊历史街区的特色美食发展迅速,吸引了 40 多家各具特色的餐饮美食企业入驻,初步形成了特色餐饮的集聚效应,深受外地游客和杭州市民的喜爱。[①]

近几年,随着市民生活水平的提高,杭州人对于美食的要求也越来越高,他们吃"外食"的现象越来越多,吃起饭来要精挑细选。这或许因为杭州菜非常讲究食材、制作手法与配料。除此之外,杭州菜也比较关注其造型之美,市民在用餐的过程中关注其带来的意境之美和故事之感。杭州人不怕在饮食上大费周章,甚至为了吃到一个特色菜肴愿意走遍杭州的大街小巷。比如到奎元馆去吃个虾爆鳝面,到楼外楼去品尝个西湖醋鱼,到知味观来一份东坡肉,到天香楼叫一份宋嫂鱼羹,到吴山广场吃个酥油饼、猫耳朵……

对于上班族来说,缓解一天工作疲劳的最好方法就是到吴山夜市品尝一些小吃。位于仁和路和惠兴路交接处的吴山夜市,是杭州最老、最热闹的夜市,原位于吴山广场。和台北的士

杭州吴山夜市

①　杭州市人民政府办公厅.杭州十大特色潜力行业发展规划(2007—2020).2008,7.

林夜市相比，吴山夜市可谓是杭州本土夜市文化的精粹，是年轻人夜生活的聚集地。不仅吸引杭州年轻人和外地游客纷至沓来，甚至让初到杭州的外国友人也慕名而来，流连忘返。近几年，吴山夜市也吸引了很多外地美食的入驻，因此，在这里不仅可以品尝到当地的特色小吃，还可以品尝到全国的美食。

宜居城市。

杭州具有得天独厚的自然环境，三面环山一面湖的都市风景、四季分明的气候条件、三副城六组团的城市格局，向世人展示了其适宜居住的良好环境。不仅如此，杭州城市基础设施完善，生活配套齐全，为居住在这座城市中的人们提供了舒适的生活环境。杭州"保老城建新城"的城市规划，巧妙地将老杭州人和新杭州人的生活融合在一起，在这座既有深厚文化底蕴、又独具现代文化特色的城市中，无论是从小生长在此的老杭州人抑或是学习工作于此的新杭州人，都可以享受到城市给予的温暖和惬意。杭州人对居住的要求较高，他们向往的是"城在林中、路在绿中、房在园中、人在景中"的人居环境，居住环境是和优美的自然环境融为一体，清晨打开窗户可以看到鲜花、听到鸟鸣。

杭州绿野春天小区

杭州人对这座山水之城特别依恋，在杭州生活惯了的人大都不愿到其他城市长期生活，他们走到哪都想把杭州背在身上。经常可以听到一些出差频繁的杭商这样感叹："转了一圈还是杭州好"。他们喜欢"倚湖而居"，甚至有些"恋湖癖"，杭州人对西湖的依恋和热爱是有目共睹的。杭州人热爱他们生活的地方，不允许任何人破坏这篇热土。因此，有时杭州人在路上看到有环境被破坏，第一反应可能就是"某某外地人"干的，因为对他们自己来说，爱惜都来不及，怎舍得去破坏自己的居住环境。

杭州改造修缮后的小河直街民居

优越的居住环境不仅是杭州人的追求,就连与之毗邻的上海人也被其吸引,选择到杭州居住。近年来,城际轨道交通的不断发展,沪杭高铁的建成及运营,极大地缩短了往返上海与杭州的时间和空间距离。杭州因其高品质的生活环境,越来越多的上海白领开始选择"工作在上海,居住在杭州"这种新兴的生活方式。清晨搭载上全速飞奔的高铁,在同事羡慕的眼光中从容泡上一杯咖啡,开始全新的工作;夜晚伴随着无限美好的夕阳,告别职场的纷扰,享受简单的生活。居住在杭州已经成为缓解城市人工作压力、荡涤心灵的重要方式。

流动都市。

据 2012 年《杭州市国民经济和社会发展统计公报》资料显示,杭州 2012 年全年完成基础设施投资 778.52 亿元,增长20.9%。杭州地铁 1 号线建成运营,地铁 2 号线东南段工程已完成 13 座车站的主体结构,杭州步入了"地铁时代"。萧山国际机场航站楼和第二跑道建成使用。杭宁高铁、铁路东站枢纽基本建成。杭长高速杭州段、之江大桥顺利竣工,临金高速、千黄高速、绕城西复线等项目积极推进。市区道路交通建设"攻坚年"成效明显,建成快速路 19.18 公里。秋石快速路高架主线、九堡大桥等建成通车,钱江通道等 32

杭州紫金港路

个在建项目抓紧推进。杭州市交通系统正在逐步完善,市民出行变得越加方便。

杭州市对于城市交通问题给予了高度重视。位于杭州市下城区、作为杭州第一街的延安路,经过 18 个月的综合整治,在 2013 年五一节前全新亮相。市政府在这条街的整修上花费了不少心思。以全新面貌亮相的延安路,有一个亮点,那就是建设了杭州首批错位停靠的公交站台。一个是延安新村公交站,另一个是孩儿巷公交站,这两个站台每侧都有两个站台。此举将有序分流线路和乘客流,从而提高通行效率,进出站时间最多可省 20%,这是杭州公交的创新之举。向杭州学习,香港、北京、广州、西安等多座城市也都在开展公交站的错位停靠。而杭州市的这一举措,说明了杭州市政府对于"公交优先"战略的应用发挥到了极致。

行走在西湖边,我们经常可以看到这样一幅场景:市民骑着红色的公共自行车,穿梭于游人之间,欢声笑语飘洒在湖面上。南山路、北山路、杨公堤、龙井路、玉皇山路,到处都可以看到骑着公共自行车出行的市民,他们戴着耳机,欢快地哼着小曲,别提有多惬意。因此,骑车游西湖已经成了市民离不开的一种生活方式,那一抹抹红色,已然成了浪漫的"杭州一景"。2008 年 3 月,根

杭州延安路

据杭州市委、市政府构建杭州公共自行车交通系统的建议,并于当年 5 月 1 日投入 61 个公共自行车租用服务点,2800 辆公共自行车进行试运行,深受市民欢迎,日均租用量达 25.75 万人次。2012 年 12 月,杭州公共自行车服务点总数达到 2962 个,公共自行车 69750 辆,年租用量突破 9426.79 万人次,创日最高租用量新高,达到 37.85 万人次。[①] 有专家测算,按日均租用量 10 万辆次、每次出行里程 2 公里计算,杭州公共自行车服务系统年可节约燃油 7500 吨,减排二氧化碳 23897 吨。还有一些市民,周末会带上全家人骑车到度假村、茶园、花圃或周边风景区等欢度假期,他们会带上风筝、帐篷、快餐、相机,在那里享受属于他们的一天美好时光。

在这座城市出行,你可以从细微之处淋漓尽致地感受到"幸福"的含义。即便你是"无车族",仅仅作为一个路人,简单地走过一条斑马线,都会体会到这座城市

---

① 5 年公共自行车正在悄悄改变杭州人的出行方式.杭州日报,2013 - 04 - 28(10).

全球最大的杭州公共自
行车服务系统日均租用量达 25 万辆次

特有的内涵。杭州公交集团党委书记何蒙熙说："杭州除了山美水美,公交车在斑马线前主动让行,几乎已成为杭州另一道标志性的'风景'。杭州公交集团从 2007 年 1 月开始以斑马线文明礼让为主导的公交安全服务文化创建。我们对公交车司机有严格要求,提出了'见人必让,让必彻底'的工作方针。通过多年实践,斑马线让行得到了社会各界和广大市民的充分肯定。这是杭州'最美精神'的一种直接展示,相信未来我们可以做得更好。"①

2013 年,是开创这一"风景"的第六年。市民的出行更加方便,更加温暖,步行游西湖,看青山。市民可以在微笑亭里免费领取到西湖游步道地图,十条游步道任意选择。苏堤健康游步道,全长 2800 米;九曜山健康游步道,海拔 179 米;玉皇山健康游步道,海拔 239 米;五云山健康游步道,海拔 334.7 米;云栖竹径健康游步道,全长 1000 米;宝石山健康游步道,全长 886 米;植物园青龙山健康游步道,全长 1460 米;十里琅珰健康游步道,海拔 334 米;吴山健康游步道,海拔 97 米;灵隐枫树岭健康游步道,全长 350 米。市民根据自己的喜好和体力

杭州西湖周边山上的游步道

选择适合他们的游步道,慢慢行走于山林之中,不会错过任何一处美景。

---

① http://news.xinmin.cn/shehui/2013/01/24/18332172.html

第三节　社会交往

杭州人在社会交往方面，有如下几个特点：一是乐于助人，热心公益；二是爱面子，注重礼俗；三是文明礼貌，有秩序、守纪律；四是爱管闲事，喜欢热闹。

乐于助人，热心公益。

"一方有难、八方支援"在杭州人身上体现得淋漓尽致。

2013 年，《杭州日报》发起的"拯救民勤·绿色传递"活动，得到了杭州市民的积极响应。市民纷纷为甘肃省民勤县的沙漠能种上梭梭而捐款，其中最令人感动的是古南社区一群癌症患者还坚持为民勤捐款植树。活动的发起人是癌症康复组的组长胡善根。一群满头银发的老人排队走向捐款箱，为沙漠边缘的民勤人献上自己的一片心意："我们其实就是一颗颗梭梭。"提到梭梭，患肝癌 5 年的张绍正老人深情流露："梭梭能在沙漠里生长，那么顽强。我们得了癌症，按以前的说法就是被判了死刑的人。梭梭在与风沙的抗争中顽强地生存，我们在与疾病的抗争中一天天顽强地活着。我们跟梭梭很像很像。"他们本身就是一群需要被社会关爱的人，却还这样热心公益事业，尽自己的力量去帮助那些需要帮助的人。[①]

《杭州日报》发起
"拯救民勤·绿色传递"活动

杭州人不仅乐于帮助本地市民，对外地游客也是格外客气和尊重。假如你在西湖附近迷了路，他们会主动上前告诉你西湖的游览路线和一些攻略，甚至在

---

① 古南社区一群癌症患者为民勤捐款植绿"我们就是一棵棵顽强的梭梭". 杭州日报, 2013 - 03 - 029(6).

你刚刚拿出地图研究路线的那一瞬
间,他们就会把你当成迷路的人,
主动询问你的困难,告诉你要在哪
里坐车,在哪里下车,哪里有自行
车点,怎么办卡租借。这一点对于
来过杭州的外地人来说印象最为
深刻。

杭州人爱面子,注重礼俗。

杭州市民爱面子似乎已经成为
一个共性的特点。无论是朋友间请

杭州市民在甘肃省民勤县种梭梭

客吃饭,还是亲戚间互相走动,尤其是在婚礼、丧葬这样的大事面前,杭州人的面子
工程表现得极为凸显。即使是一般的朋友间的往来,他们也会选择一个不错的茶
馆或餐厅,打扮得较为时尚。

尤其是婚礼,杭州人更能在家人和朋友面前表现一番。他们对于婚礼策划的
要求是要创新,最好是独一无二,别人没有过的。他们比轿车、比酒店、比婚房,比
各种排场,新郎新娘更是要在婚礼上表现不俗。双方的父母为子女的婚事不惜付
出一切代价。或许这种现象在很多城市人中都有体现,只是杭州市民表现得尤为
明显。他们生怕任何的不周而失了面子。

杭州的一场中式婚礼

迎亲豪华车队

杭州人文明礼貌,有秩序、守纪律。

杭州人的高素质体现在很多方面,比如他们邻里之间的关系相处得很是融洽,
相互之间互相帮助已经成为他们的一种生活习惯。各大社区更是争先恐后地竞争
"文明社区"的头衔,为了这份荣誉,每一个社区居民们尽心尽力,维护好自己的这
个大家庭。他们通常会因为同一个兴趣爱好自发组织一些社区团队和小组,比如

"戏曲小组"、"太极小组"、"单车小组"、"跑步小组"等，然后在一起活动和娱乐。邻里之间的相处像一家人一样，充满温馨。在相处的过程中即使发生了一些不愉快，他们也会选择适合他们性格的形式解决，他们宁可为一件事争吵上半天也不会动手打架。在杭城几乎不会出现一群人扭打成一团的场景，这或许在北方汉子身上经常发生，但到了温柔与斯文的杭州人身上却成为罕见的现象。

杭州邻居节互送对联

杭州人爱管闲事，喜欢热闹。

这一点或许和杭州人的热情和好奇心有关。杭州人对小道消息有种本能的敏感，一旦听到一些传言，他们总能把自己和这些事情扯上关系。谁家的女儿三十岁了还没有嫁人，一个社区的人们都会跟着着急，他们会动用各种关系，帮忙介绍、说媒，唯恐别人家的女儿成了"剩女"。或许大街上发生了一件和自己八竿子打不着的事

杭州社区举行庆祝妇女节活动，居民踊跃参加

情，他们也会围上前去，帮忙报警或者帮忙出主意。单位同事家出现了什么问题好像也能和自己扯上关系，消息就在他们的议论和散播中传播得越来越快，甚至到了最后消息完全"失真"，但他们仍然乐此不疲。随着网络时代的到来，杭州市民传播消息的途径更加现代化，他们可以利用网络发帖、聊天来谈论所见所闻，发表议论。据《2012年杭州市国民经济和社会发展统计公报》显示，市区每百户居民家庭拥有

家用电脑112台。全市计算机宽带用户达到251.65万户,比上年增长15.5％。杭州积极推进"智慧杭州"建设,wifi无线网户外应用免费向民众开放。

第四节　休闲娱乐

杭州人乐于休闲,善于休闲,他们将休闲看作是一种人生态度,是一种文化的体现,是一种境界的追求。美国《未来学家》杂志1999年第12期载文指出:据美国学者预测,休闲、娱乐活动、旅游业将成为下一个经济大潮,并席卷世界各地。新技术和其他一些发明可以让人们生命中50％的时间用于休闲。休闲的中心位置将进一步突出,人们的休闲观念也将发生本质的变化。[①] 而在杭州,休闲观念已经深深扎根于杭州市民的心中,融入他们的生活。

茶不醉人人自醉。

中国人喝茶是很有讲究的,有着丰常深厚的茶道。其不仅讲究茶的品质,还讲究喝茶的氛围、品茶的心情、周围的风景。杭州的茶文化将其体现得淋漓尽致。杭州人是特别爱喝茶的,一杯茶、一盘山核桃,几局"双抠",就可以在西湖边停留一个下午的时间。他们欣赏的不仅是香茗,更是美景。为彰显独特的茶文化,杭州还有专门的茶叶

杭州湖畔居茶楼

博物馆,茶叶、茶艺、茶俗在这里都有淋漓尽致的展现。这里是了解杭州茶文化,甚至中国茶文化的一个好去处。

此外,别具特色的茶馆已经成为杭州城市中独特的风景线,各具风情,品茶风气十分盛行。茶馆老板对于馆内的装饰也可谓费尽心思,别具特色。在杭州,喝茶不是一种时尚和潮流,也不是专为外地游客而建,而是杭州本地市民离不开的一种生活方式。茶馆依然成为聊天、聚会、休息的必备场所。为了满足市民喝茶的需要,茶馆里不仅配备了香气宜人的茶水,还有专门为市民准备的各类干果、水果等,

---

① 　夏之放.美的创造与休闲.山东师范大学学报(人文社会科学版),2012(4).

种类齐全，受到杭州市民的大力推崇。经过了一周紧张的工作后，周末驾车到西湖边的闻莺阁，坐拥西湖美景，吟诗喝茶，别有一番风味，一个个暖洋洋的日子就在闲适的心情中悄悄流淌而去了。或者，地处杭州西湖风景名胜区西部腹地，梅灵隧道以南，沿梅灵路两侧纵深长达十余里，有"十里梅坞"之称的梅家坞茶文化村也是个不错的选择。

杭州梅家坞茶文化村

梅家坞茶文化村现有160余家乡间茶坊，质朴而清新。村里还专门成立了多语种接待室，为前来观光的宾客讲解梅家坞茶历史、茶的采摘、炒制和茶的功能等内容，并进行茶艺表演。品茶的同时还可以参与春茶采摘，亲身体验浓郁的茶文化气息，了解西湖龙井的精髓所在。西湖龙井之所以誉满天下，源于其精美而细致的加工、制作过程。杭州人对龙井茶的制作一点也不怕麻烦，抖、带、挤、甩、挺、拓、扣、抓、压、磨，十大手法各有其独到之处，对炒制的人要求特别高，不仅要有足够的耐心，还要有精湛的技艺。好茶还需好水，没有好水的茶就如同离弦的琴，好看不中用。说到好水，杭州的虎跑泉是天下名泉，虎跑水与龙井茶精妙的结合，堪称"双绝"。优质的茶叶要配优质的泉水，这样泡出的茶水看上去色均，闻起来香甜，喝起来更是美味。

杭州曙光路上的茶馆

为了大力提倡茶为国饮，营造知茶、爱茶、饮茶的氛围，进一步打响"杭为茶都"的品牌，2012年3月，杭州市人大立法决定将每年农历谷雨日设立为杭州的"全民饮茶日"，开中国茶事之先锋。2013年"全民饮茶日"的活动主题为"茶与生活方式"，主题深刻体现了全民饮茶日始终致力于提升杭州市民生活品质的举办理念及将杭州打造为"中国茶都"的目标追求。

活动期间,新茶被免费派送至浙江省各大、中、小学,并相约在 4 月 20 日设立赠茶点,向广大学生、普通市民及游客奉上香茗。活动不仅得到了杭州,甚至浙江省多地几十个大、中、小学的热烈响应,更吸引了全球多家孔子学院及茶文化相关社会团体的积极参与和响应。

现在,你若来杭州在市区漫步,会发现有很多独具特色的茶馆,或清新质朴,或典雅大方,觅得一处佳境,享得一方清幽。若是喜欢乡野风光的,梅家坞、龙井村、龙坞、满觉陇、茅家埠、双峰……杭州的茶村个个有名。车行至此,青山、绿茶、暖暖阳光洒在嫩绿叶子上,粉墙黛瓦、小桥流水人家。到这里品一杯香茗,吃一顿农家菜,再过过采茶瘾,这是一个惬意轻松的周末假期。①

佛教圣地。

杭州是个包容性很强的城市,各类宗教在杭州这片土地上都能扎根生长,成为杭州市民生活之中的另一种休闲方式。杭州寺庙众多,灵隐寺、净慈寺、法喜寺、法净寺、法镜寺、灵顺寺、永福寺、韬光寺等每年都会有大量的市民前去朝拜,这似乎已经成为他们的一种生活方式。

杭州灵隐寺

为满足市民的这一需求,杭州市推出专门的寺庙卡,只需携带市民卡或者身份证即可办理使用。这一政策的推出,得到了市民的响应,他们去寺庙烧香拜佛已经不分年月时日,随时随地都可以去,将自己的信念、愿望寄托在神灵那里,只为获得心理上的慰藉和满足。当然,每年的农历四月初八、农历六月十九日、农历六月二

①　今天,你喝茶了吗? 杭州日报,2013－04－20(8).

十四日、农历七月十五日、农历
七月三十日①，包括除夕之夜，各
大寺庙更是人潮涌动，围得水泄
不通。不仅如此，市民们还会带
一些水族小动物到西湖放生，以
积累善行。如果仔细了解那些
去烧香朝拜的市民，他们似乎很
多都是根本不懂佛学，只是为了
获得心灵上的满足。因此，对于
很多杭州人来说，拜佛不是一种
信仰，只是一种生活方式，是物

杭州吴山庙会

质满足之后寻找精神追求的一种体现。

　　杭城颇具规模的庙会与香市也是依托着宗教活动，获得市民的青睐。湖边广
场、灵隐寺周、吴山脚下，到处挤满了市民，丰富了市民的文化生活、增加了休闲方
式，也促进了城市人的相互交往，增强了城市的活力。

　　寄情山水。

　　生活在杭城的市民，漫游山水之间是他们最简单也是喜欢的休闲方式。他们

杭州的骑行爱好者

居住弄巷里，穿梭于山水间，爬山、划
船、跑步、骑车是他们习以为常的休
闲方式。孤山、吴山、宝石山、凤凰
山、玉皇山、五云山、天竺山、虎跑山、
十里锒铛等，是市民爬山的好去处。
杭州的山都不是很高，这为市民爬山
提供了良好的条件。从吴山到孤山，
完全可以在一天之内完成两项爬山
活动。骑车从湖滨的一公园沿南山
路、杨公堤、北山路等绕湖一周也不
用多久的时间就可以完成。放下自

---

　　①　农历四月初八是释迦牟尼佛的诞日；农历六月十九日是观世音菩萨出家之日；农历六月
二十四日是雷祖生日；农历七月十五日是三官大帝诞日；农历七月三十日是地藏王菩萨生日。
此处列举的一些日子均为佛教中的一些重要日期，市民通常选择在这些日子烧香拜佛，以期平
安。

行车到西湖边坐上小船,慢慢悠悠地在湖面上漂流,欣赏着湖中的波澜和岸边的风景,听着船夫的小曲。或者晚上坐着西湖的大游艇,欣赏着由张艺谋导演主导的"西湖印象",看着西湖的夜景。杭城的山水是亲民的。

2013 年 3 月 23 日早晨八点,在一声清脆的枪响后,430 名长跑爱好者拉开了西湖(国际)跑山赛的序幕,也拉开了 2013"醉美春日"杭州户外休闲季的大幕。

杭州市旅游委员会全力打造杭州"全季性"城市休闲旅游品牌。3 月 23 日至 5 月份举办的 2013"醉美春日"杭州户外休闲季,就是"四季休闲 IN 杭州"的第一季。这一季,杭州市市旅游委员会携手杭州市体育局、杭州市体育总会,组织号召市民游客走进自然,在感受醉美春日的同时,体验美丽杭州、健康杭州、乐活杭州、休闲杭州。

阳春三月里,空山新雨后,杭城的大街小巷都弥漫着一股清新的芳香。草木疯长,桃李怒放,西湖边的勃勃生机诱引着人们走出家门,走进如画的风景中,去运动,去休闲,去享受一年中最美的春光。①

杭州举办的西湖跑山赛

歌舞杭城。

杭城的美景不仅是静态的,更是动态的。歌舞是杭州人表达情感的一种方式。一些爱好戏曲、曲艺的市民会自发组织起来,在公园、广场、黄龙洞、河坊街以及其他的公共场所,给来往的市民进行表演。市民较受欢迎的戏曲通常有杭剧、越剧、京剧等,曲艺有杭州评话、杭州评词、杭州小热昏、武林调等。通常他们都会自带表演设备,

浙江省非物质文化遗产——杭州曲艺"摊簧"

---

① 2013"醉美春日"杭州户外休闲季启动.杭州日报,2013－03－26(A5).

给市民带去欢乐的同时自己也陶冶了性情，因此即使没有表演收入，他们也是很乐意这样做的。他们有的伴奏，有的演唱，很多市民都会被这样声情并茂的演出所吸引，成了杭城一个动态的美景。

2013 年 5 月 1 日，原汁原味的意大利歌剧《茶花女》在杭州大剧院上演。剧组委托《杭州日报》征集 6 名杭州小演员出现在序曲中，和市民形成良好的互动。对杭州观众来说，这是第一次看到意大利的原版歌剧，对杭州爱乐乐团和杭州大剧院来说，这是一次前所未有的尝试。和意大利佛罗伦萨五月歌剧院一起打造《茶花女》，这在中国音乐界，也是从未有过的。更复古、更经典、更具视觉冲击力，歌剧《茶花女》迈着优雅的步子走近我们，走进杭州。①

杭州这座历史文化名城，具有一种得天独厚的文化生态环境。这样的环境孕育了聪明而有智慧的杭州人，他们不仅能歌而且善舞，为传统民间舞蹈艺术的孕育成长创造了极为有利的条件，造就了繁花似锦、多姿多彩的艺术品类与辉煌业绩。

流传至今的杭州传统民间舞蹈，主要有龙舞、狮舞、灯彩舞和社火舞等四种类型。龙舞又细分为布龙、板凳龙、草龙、竹龙、蚕龙、纸篾龙、棕毛龙等；狮舞又可细分为文狮、舞狮、文武狮、抬阁牵拉狮等；彩灯舞又可细分为滚灯类、神兽类、花鸟鱼虫类和其他类等；社火舞可细分为跑竹马、跑旱船、面具舞、小调歌舞、抬阁和其他等。每一种舞蹈都具有自身的特色和表现形式。在杭州地区的传统民间舞蹈中，较多带有原始宗教的色彩。比如春节舞龙，民间认为可以送走邪气，迎来吉利，因此，他们自娱自乐的同时，仍普遍遵循古时祭神的庄严色彩，希望可以祈丰求福，保佑一年平安顺利。

杭州民间舞蹈"余杭滚灯"

除了传统的民间舞蹈受到欢迎外，一些老年人，甚至是年轻人喜欢到西湖边练上半天的太极拳。太极拳的拳法是含蓄内敛、连绵不断、以柔克刚、内外兼修的，一如杭州人行云流水般休闲的生活，刚柔相济的性格。太极拳使他们在面对困难时也可以以静制动，在锻炼的同时还可以思考人生、修身养性。

---

① 5 月 1 日，意大利原版歌剧《茶花女》来了．杭州日报，2013 - 04 - 026(B6)．

敬老爱幼。

很多到过杭州的外地人会说,"在杭州养老,是个不错的选择"。他们很羡慕杭城的老年人,每天可以拿个小椅子坐在西湖旁赏花、赏水、唱歌、跳舞……杭州的老年市民的幸福感指数很高,因为这是一座适合老年人生活的城市,这座城市充满了温暖与关爱。

杭州的老人在图书馆阅览室里快乐地看书

杭州市于 2013 年新增机构养老床位 7000 张,"数字养老"信息呼叫服务基本覆盖主城区 70 岁以上独居、空巢老人。对老年人法律援助服务实行优先受理、优先指派、优先办理。对 80 岁以上高龄、失能半失能、贫困以及空巢老人提供上门法律援助服务。为老年人举办免费、多样的公益培训课程,开展老年体育培训和活动

杭州老年公寓运动会

比赛。通过媒体、志愿者宣传等方式，提高老年人防范意识。开展"走进福利院"、"关爱暖人心"、"健康伴你行"、"法援在身边"、"青春伴夕阳"等系列助老志愿活动。开展为老年人送科普知识活动，开展特殊老年人专项服务活动等。中国杭州低碳科技馆从2013年开始，重阳节当天免费向60岁以上老年人开放。[①] 这些对老年人的善举充分体现了杭州是一座充满爱心的城市，使步入老年生活的市民心里多了很多慰藉。

杭城的小朋友更是生活得有滋有味，充满乐趣。杭州人对孩子的关爱和教育是出了名的，他们"望子成龙、望女成凤"，希望孩子将来能够过上幸福美满的生活。家长们为给孩子提供更好的学习机会，不惜花高价给孩子上民办学校，请最好的师资给孩子上课。为给孩子上一个好的学校，很多家长不惜一切代价，有的甚至半夜就去学校排队为给孩子上个名牌学校抢占先机。

杭州"Do 都城少儿社会体验馆"

家长们每天即使工作再忙，也会腾出时间陪孩子学习。他们给孩子补充最好的营养，买最好的学习用品和玩具。家长们不仅重视孩子的学习，就连孩子的玩耍都要求有滋有味。

位于杭州市江干区新业路331—399号钱江新城市民中心 K 楼1—2楼的"Do 都城"少儿社会体验馆，是国内首家、场馆规模亚洲最大的少年儿童体验类教育场馆，这里是孩子们玩耍和成长的天地，他们在这里可以玩得开心，也可以学到知识和实践技能，真可谓"在学中玩、在玩中学"。在这里，孩子们可以像大人一样，在安全互

杭州极地海洋公园

---

① 杭州今年将为老年人办好哪些实事?.杭州日报,2013 - 3 - 14(A2).

动的环境中尝试各项工作,体验真实的社会活动,理解通过劳动取得报酬的生存道理,为未来的健康成长和职业发展打下良好的认识基础。在"Do 都城",孩子们可以尽情选择自己理想中的各种职业:消防员、宇航员、考古学家、记者、医生、机长、设计师、主播、驾驶员、建筑工人……他们可以亲自体验工作的辛苦与乐趣,也可以从小磨炼意志,学会处理生活中遇到的难题。家长在空闲的时间,还可以带着孩子到杭州乐园、烂苹果乐园,开心地玩上一整天。

此外,家长们也会带孩子去亲近自然,亲近小动物,让孩子们学会关爱生命。总投资 6 亿元人民币、占地面积 200 亩的华东地区最大的海洋主题公园——杭州极地海洋世界,于 2008 年亮相萧山湘湖湖畔。家长们驾车带着孩子来此感受海洋的世界,体会和小动物们亲近的快乐。

奢侈消费。

在杭州,"月光族"已经成为白领阶层的一个代名词。他们的超前消费观让人瞠目结舌。杭州成了名副其实的奢侈品消费大市。即使是一个月 3000 元工资的初级小白领,面对 1 万元左右 LV 新款女包,也会不眨眼睛地把它买下。据《世界奢侈品协会 2011 官方报告蓝皮书》显示,截至 2011 年 3 月底,中国奢侈品市场消费总额已经达到 107 亿美元(不包括私人飞

杭州西湖边的豪华车专卖店

机、游艇与豪华车),占据全球份额的四分之一,中国已经成为世界第二大奢侈品消费国。杭州以后可能又多了一个称号——奢侈品消费之都,根据世界奢侈品协会《2010—2011 年中国奢侈品消费城市调查报告》显示,杭州人的奢侈品消费能力在国内拔尖。2011 年全球奢侈品消费主要集中在时装、箱包、珠宝、名表和化妆品,而杭州人在这几方面的消费同样也很高。除此之外,杭州人对名车的消费能力也很高,保时捷在杭州一年的销量超过 500 辆。行走在马路边上就可以随处看到名车,兰博基尼、保时捷、雷克萨斯、宝马、奔驰……这些名车成了杭城的一道亮丽风景线。2013 年 3 月 9 日,一辆奔驰 SLS AMG 黄金版跑车出现在杭州西湖边的孤山路上。跑车惊艳的外观颜色,引起了过往西湖游客的好奇,纷纷驻足观看留影。①

---

① http://zjnews.zjol.com.cn/05zjnews/system/2013/03/13019206937.shtml

杭州大厦、湖滨国际名品街、万象城是杭州市民购买奢侈品的去处。2004 年 11 月 19 日，LV 那只褐色皮箱在杭州大厦的出现，也成了奢侈品牌进驻杭城的标志性事件。专柜开柜之初，LV 杭州大厦店就创下了 4 小时销售额超过 40 万元的惊人业绩。2005 年，湖滨国际名品街意大利品牌 Dolce & Gabbana 开业，这个相当有远见的大牌在当时甚至没有选择临街店铺，而一直处于四面环绕的名品街的中心地位。随后是 Giorgio Armani 的开幕，以及 2006 年爱马仕在名品街的亮相。在短短两年时间里，杭州迎接了一批国际上最知名的一线大牌。

杭州西湖边的名表店

对于杭城奢侈品版图来说，2010 年又是具有转折意义的一年。杭州首家 shoppingmall 万象城开始营业，这个商业巨无霸中，聚集了一大批奢侈品牌，这些大牌所占的面积就有近 2 万平方米。继杭州大厦、湖滨国际名品街之后，万象城成为杭州又一个奢侈品销售的聚集地，杭城奢侈品商场也开始了三足鼎立的局面。

万象城的开业同时开启了奢侈品大牌杭州扩张的第二春，商家没有专营店的挤破头占位，有店的赶紧继续圈地。借着万象城的全面启动，LV、卡地亚、Dior 都在杭州开出了第二店。①

活到老学到老。

杭州人是酷爱读书和学习的，他们对读书的渴望并不局限于学生时代，从小孩到老人都对知识不断追求，他们希望能够不断学习和吸收新鲜事物，充实自己，能够跟得上时代的步伐。很多杭州市民工作稳定，收入颇丰，家庭稳定，在完全有能力享受生活的时候，仍然会不断学

杭州图书馆

① 《世界奢侈品协会 2011 官方报告蓝皮书》发布中国成奢侈品消费第二大国，杭州消费能力内地拔尖. 每日商报，2011 - 11 - 01(4).

习,把时间用在积累知识上。杭州人对学习的氛围和舒适度是很有讲究的,他们不会"埋头苦读",而是会选择一个周末,到郊外,青山绿水间读书。或者,到位于钱江新城市民中心 J 楼的杭州图书馆或者曙光路上的浙江图书馆,倚在沙发上,一边听着音乐,一边看着书,享受着这些带来的乐趣和满足感。

杭州市政府对于市民的文化基础设施建设是非常重视的。2012 年末,全市共有文化馆 15 个,公共图书馆 15 个,图书馆藏书 1577 万册,拥有乡镇街道文化站 190 个。全年开展群众文化活动 2.02 万场,送戏下乡 2213 场次、送书下乡 210 万册。建设 30 个乡镇(村)级公共电子阅览室,创建示范性乡镇(街道)综合文化站 25 个、文化示范村(社区)128 个,社区(村)文化活动室覆盖率由上年的 96.1% 提高至 98.7%。杭州国家数字出版产业基地正式授牌,图书馆"文澜在线"项目获得第四届文化部"创新奖",杭州荣获"全国版权示范城市"称号。①

杭州图书馆"文澜大讲堂"海报

杭州市民的整体文化水平较高,根据杭州市 2010 年第六次全国人口普查主要数据公报显示,全市常住人口中,具有大学(指大专及以上)文化程度的人口为 164.27 万人;具有高中(含中专)文化程度的人口为 154.17 万人;具有初中文化程度的人口为 277.03 万人;具有小学文化程度的人口为 197.21 万人。同 2000 年第五次全国人口普查相比,每 10 万人中具有大学文化程度的人口由 7206 人上升为 18881 人;具有高中文化程度的人口由 13758 人上升为 17720 人;具有初中文化程度的人口由 33276 人下降为 31841 人;具有小学文化程度的人口由 32529 人下降为 22667 人。

全市常住人口中,文盲人口(15 周岁及以上不识字的人)为 32.41 万人,同 2000 年第五次全国人口普查相比,文盲人口减少 3.72 万人,文盲率由 5.25% 下降为 3.73%,下降 1.52 个百分点。杭州人不断吸收新知识,充实自己,他们正以饱满的精神、坚韧的毅力,走向全国,走向世界。

---

① 杭州统计调查信息网.2012 年杭州市国民经济和社会发展统计公报.2013,5.

第三章 杭州乡村生活方式

马克思曾提出,生活方式与生产方式是紧密联系的,生产方式决定着生活方式。改革开放以来,随着我国社会经济的发展,工业化、城市化水平的不断推进,现代化的生活方式已经渗透到我们生活中的方方面面。有资料显示,2002年至2011年我国城镇化水平以平均每年1.35%的速度在发展。中国科学院在《2012年中国新型城市化报告》中称,中国内地城市化已达到了51.3%。

杭州虽然经济总量与经济增长速度在全国城市中不算最高,但杭州在国内外的知名度却在不断攀升。从一些评价机构对国内城市幸福指数的调查结果来看,杭州已经连续数年被评为全国幸福指数最高的城市。与此同时,随着人民生活水平的不断提高,城市的生活方式不断地扩散到乡村。

长久以来,自给自足的生产方式使我国乡村逐渐形成了一种相对较封闭的生活方式。如今,城市化浪潮推动乡村人口改变原有的生活方式,城市生活方式引领着现代生活方式的潮流。

然而,乡村生活方式也不是被动的。乡村按照自己的条件,也在努力追赶现代化的潮流,用自己的风格回应着城市生活方式的引动。

行政村是中国农村最基层的组织单位。2013年夏天,我们几位作者一起走进杭州余杭区的农村,感受中国城市化进程中的农村生活。

第一节 工作学习

杭州市余杭区径山镇求是村,位于杭州市西北方约一小时车程的地方。

在人们传统的印象中,农村与城市相比,属于落后地区,机构不健全,缺乏必要的设施,公共服务欠缺,生活不方便。但是,求是村却颠覆了我们关于农村的传统印象。

公共服务。

在求是村中,最引人注目的一幢建筑就是求是村社会服务管理分中心,门口挂了中共求是村党委会、求是村村民委员会、中共求是村纪律检查委员会、求是村民兵营、求是村股份经济合作社、求是村财务监督委员会、求是村关心下一代工作委员会、求是农村社区公共服务站等多块牌子,俨然是一个机构齐全的基层组织。

求是村社会服务管理分中心

村民自治是我国民主政治的一个重要特色。在乡村,村委会主任和村民代表由村民选举产生,代表村民行使权利。农村的民主政治不仅体现在广泛的参与性上,还体现在公开性上,财务公开是其中最重要的一项。在求是村,有一块财务公开栏,它将求是村一段时期内发生的所有财务往来都展示出来,让村民广泛监督。如果村民对财务有什么不了解或者不满意的地方,可以向村领导进行询问,有权要求村领导进行解释。还有一块党务村务公开栏,上面列出了近期村中发生的所有事项,并将解决的措施和结果予以公布。若是对求是村的发展有什么好的建议,村民可以方便地进入社会服务管理分中心,向村领导反映。

在求是村,还有一些具体为村民服务的机构。如果村民之间产生了什么纠纷,村里和事佬协会的工作人员就会积极介入,进行调解,村领导也会尽量帮忙进行协调,促进了村民之间的和谐友好的关系。司法行政服务工作室的设立,为村民提供了法律方面的帮助。以往村民在法律方面碰到了难题,都需要到城市当中寻找专家进行咨询,而现在足不出村,就可

求是村的党务村务财务公开栏

以得到帮助。因此社会服务管理分中心也有另外一个称谓,就是求是便民服务中心。

求是村里的司法、消防工作站、和事佬协会

年轻人是一个社会的未来，也必将在有一天成为农村社会的中坚力量，接棒农村的发展。求是村关心下一代工作委员会的职责就是密切关注年轻人的发展，在年轻人遇到困难的时候提供必要的帮助。求是村建有青少年活动中心，备有文体设备，丰富青少年的日常生活，帮助他们健康成长。

求是村社会服务管理分中心是为村民提供公共服务的地方，现在村民足不出村就可以办妥许多从前要到镇上才能办理的事情。像这样条件的公共服务中心，杭州市许多街道一级的公共服务中心都比不上。

求是村青少年活动中心

求是村社会服务管理分中心

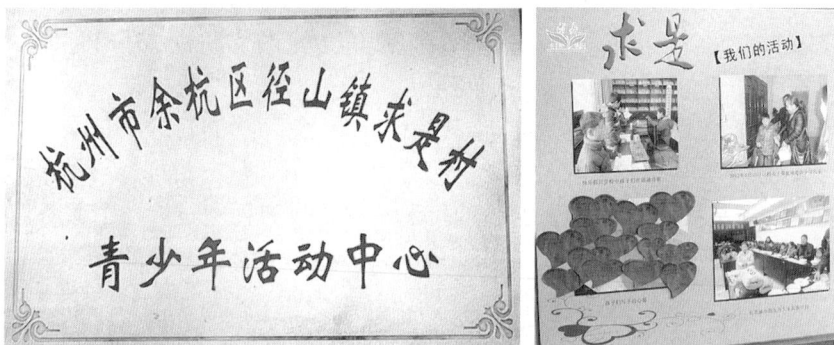

教育学习。

在求是村,还有让我们更吃惊的地方。离求是村社会服务管理分中心不远,有一片现代化的建筑,走进一看,原来是径山中学。从规模、建筑、设施来看,这所乡村中学,绝不输给杭州市区里的任何一所中学。甚至可以说,径山中学比杭州市的多数中学还要漂亮和现代化。

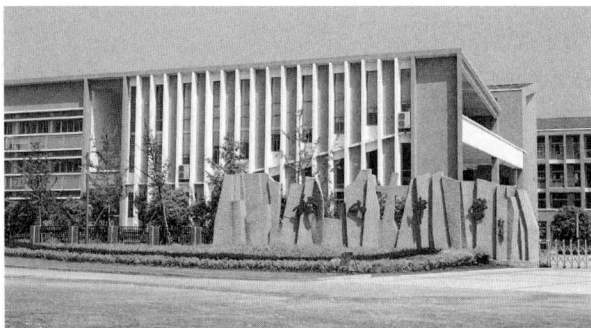

径山中学校门

教育是社会持续发展的保证。很多人认为城市和乡村最大的区别,在于接受教育的便利性。诚然,城市有更好的学习氛围,也有更好的学习条件。相对于乡村的孩子,城市小朋友接受的教育资源更加优质。不少乡村家庭想方设法在城市落户,很大的一部分原因是为了让自己的孩子能够获得更好的教育资源。

但是,随着经济和社会的发展,教育资源严重向城市倾斜的状况也在逐步改变,杭州周边乡村的基础教育正在不断发展和完善。从幼儿园到中学阶段的教育,孩子们可以在乡村学校完成。杭州市村镇的中小学和城市的中小学一样,都配有多媒体教室、塑胶跑道等设施。音乐课,美术课,计算机课程,都成了乡村学生必须学习的课程。在硬件设施上,乡村学校和城市学校之间的差距逐渐缩小。

以径山中学为例,径山中学是按浙江省标准化学校一级标准规划建设的,占地100亩,建筑面积33334.2平方米,规划投资1.15亿人民币,为省级重点工程之一。径山中学有48个班级,拥有教学楼、体艺馆、报告厅、图书馆、食堂、公寓式学生宿舍、400米运动场等配套设施,并有专门的计算机、舞蹈、美术教室。每间教室均配有多媒体教学设备。

随着乡村学校学习条件的改善,师资力量的改善,乡村教育不再局限于基础教育,逐渐发展对村民们的文化教育,培养他们与时俱进的精神,为他们提供阅读资源,引导他们学习先进的农业生产知识。乡村教育将知识转为生产力,从根本上改变乡村居民落后的经济地位,提高村民的生活水平,培养他们对乡村生活的认同感和自豪感。在杭州周边的乡村,公共阅览室基本上得到普及,村民们可以随时走进村民活动中心,阅览里面的藏书。

求是村设有邮政服务站,村民足不出村,即可得到信件、包裹、汇款、储蓄等邮政服务。

现在,互联网络已经不再只属于城市居民和年轻人,越来越多的乡村家庭在家里安装了网络,利用网络进行学习和娱乐。随着网络安装费用的不断降低,计算机逐渐成为农村家庭的必备品。网络就像是一座桥梁,将相对封闭的农村和整个世界进行更好对接。

求是村邮政服务站

产业发展。

几千年来,农业是村民最基本的产业形式,土地上的产出是整户人家赖以生存的基础。大多数村民日出而作,日落而息,依靠土地收入解决家庭的生活需要,因此传统的乡村社会是比较稳定的。从事传统农业生产的村民的生活水平往往是比较低下的,在满足基本生存需求之外,很难支撑个人及家庭在其他方面发展的需要。

随着经济和社会的发展以及城市化进程的不断推进,村民们的生产形式不断呈现多样化的特点,单一从事传统的种植业的人越来越少,更多的人投身于经济效益更高的其他行业。

受到城市化浪潮的影响,进城务工人员占乡村成年劳动力的比例不断增大。在浙江许多乡村,进城务工成了村民最主要的选择。村民进城务工的最主要原因,就是追求更高的经济收入,改善自身与家庭成员的生活水平。杭州周边的乡村由于紧邻杭州市区,交通便利,这对于村民在城市和农村之间的流动提供了巨大的方便。

求是村的森禾种业基地

　　当前,粮食作物种植在杭州周边乡村呈现不断下降的趋势,越来越多的村民放弃种粮,改种附加值较高的经济作物。利用紧靠杭州城区的地缘优势,村民在种植经济作物上获得的收入大于传统粮食作物的种植。求是村办起了"森禾种业"苗圃,培养绿化苗木,取得了很好的经济效益。

森禾种业的田园风光

　　求是村还依托种业基地,办起了乡村旅游,吸引城里人前来休闲消费。这就是依托第一产业发展起来的第三产业。

　　在求是村周边的村子里,村民们除了从事传统的农业生产之外,还有很多人从事加工业、服务业。可以说,在现在的杭州农村,产业形态是一二三产业都有,并且,第二和第三产业所占的比重越来越大,这是时代发展的趋势。

村民有机白茶自产自销

我们看到,很多村民利用本地的自然条件优势,投资开设工厂,做起工业生产。这种个体加工业的形式,在杭州周边农村也很普遍。例如有的村利用山区丰富的木材资源,兴建了木材加工厂。

村民在木材加工厂工作

近年来,农家乐作为一种新的旅游形式,越来越多地受到了城市居民的喜爱。杭州市民利用双休日,自驾前往周边农村,体验农村生活,品尝新鲜的农家菜,呼吸新鲜的空气。农村很多家庭都自营旅馆和餐厅,农家乐越开越多,越来越火。

农家小苑

从凭票供应到自由买卖,从最初的供销社到超市、便利店、食品店、专卖店,乡村的商业随着时代的发展也在不断地变迁。现在杭州的乡村,小便利店、食品店等如雨后春笋般涌现。由于网络的快速发展,许多村民也学会了足不出户的网上购物。交通的便利和发展,使得村民们可以更方便快捷地去城市里采购自己的生活所需。

乡村供销超市

医疗卫生。

以往农村的医疗设施比较落后,村民若是得了感冒发烧之类的小病,还可以自己对付,若是得了稍微严重一点的疾病,就只能去城镇就医。近年来,随着政府对农村医疗的重视和投入力度的加大,农村的医疗条件逐步得到改善。乡村卫生院的医疗设施不断完善,与城镇医院的差距缩小。现在很多地方的乡镇卫生院,能够治疗的病症越来越多,接收患者的能力也在提高,极大方便了村民的生活。

健全的乡村医疗卫生体系

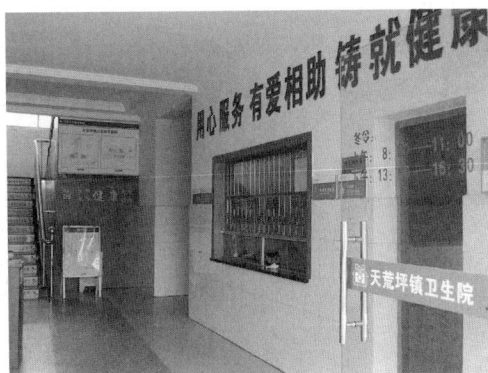

条件良好的镇卫生院

第二节　衣食住行

曾有人说,一个人最理想的生活,应是童年和少年时期在乡村度过,体会淳朴的风土人情，倾听四季变换的声音；青年和中年时期到城市求学谋生，开阔眼界；年老时又回到乡村，在老树下，小河边，静静地和孩子们分享自己的一生。乡村生活方式是以农田、农业为特征的生活方式。然而，随着社会的发展，乡村生活方式已经染上了城市的色彩，改变了原来低效、狭隘、封闭、落后的形态，发展成更适宜人们生活居住的崭新的乡村生活方式。

衣着。

衣着服饰是生活的需要，也是一种文化，它像一面多棱镜，以一种特别的方式展示着乡村居民生活方式的转变。在人们的传统印象当中，村民的穿着样式单调，颜色灰暗，缺乏现代气息。村民购买衣服的频率相对较低，很多村民往往在过年才能穿上新衣服，而且购买衣服也不太方便。如果城市居民和乡村居民站在一起，仅仅从着装上，就能够方便地将他们做出区分。

你能看出这些是乡村中学的学生吗？

过去村民相对落后的穿着，其原因主要有四点：第一，相对较低的收入水平，导致乡村居民在着装方面的消费比较少；第二，乡村居民的活动范围相对较小，社交圈比较狭窄，因此对于着装的要求不高；第三，乡村居民购买新衣服较为不便，村里缺少时装店，人们往往需要到附近的城镇进行采购；第四，乡村居民在土地上的劳作方式决定了他们不便穿样式新潮的服装。

现在，由于农村经济的不断发展，城乡之间交通越来越便利，乡村居民生产方式的改变，使得乡村居民在穿着方面不断向城市居民靠近。从粗布衣，"老三色"、"老三套"发展到追求个性时尚，对衣服的选择已经不再是单纯的物质需求，更成了精神上审美上的满足。在杭州许多村镇，我们可以见到人们身上穿的各种新潮和名牌的服装。青少年大多穿着 NIKE、ADIDAS 等运动装，女性的服装则更加亮丽。若是让他们和城市居民在一起，从服装上已经难以区分。另外，网络购物的普及和发展，使得越来越多的农村居民可以足不出户，就能买到各式各样的衣服。衣着服饰的变化标志着村民们社会观念和心态的变化，透过乡村居民服饰的变迁，我们可以看到当代乡村生活的进步和发展。

食品。

在中国传统文化中,民以食为天。
一个区域饮食质量的高低主要从三个方
面进行判定:食物种类的丰富性、食物
获取的便捷性和食品质量的可靠性。在
求是村,随处可见的超市和小卖部,陈列
着村民需要的各种食材。农贸市场则供
应着最新鲜的蔬菜、肉类和海鲜。在农
村出售的各种食品,也经过了和城市售
卖的食品同样的质量检测。很多农民都
会在自家院落里种植一些蔬菜,供应自

村民在自家开设的酒楼

家饭桌。这种不喷洒任何农药的蔬菜,是很多城市居民羡慕不已的。从某种角度
来说,农村居民可以享受到比城市居民更加安全的食物。

在杭州农村,农民除了自己购买食材完成一日三餐之外,偶尔也会到附近的饭
店用餐。村里的农家院落、酒楼等场所,除了满足城市来此的游客外,也会迎来本
村居民。由于求是村距离杭州市区并不太远,在周末或者闲暇之余,农村居民若有
什么想吃的,也会特意进城一趟。这样的时间成本和金钱成本,对于求是村居民来
说,并不是一笔很大的开支。

居住。

家自古以来就是中国人向往的安身立命之所,有家就需要有其居。古语说得
好:"安居乐业",可见住房问题和我们的生活息息相关密不可分。随着农村经济的
快速发展,乡村生活最主要的变化应该就是住房的变化了。从平房到楼房,从一家
几代人蜗居在老宅中到建起新房后一人一间宽敞的居住环境,乡村居民的住房条
件也发生了翻天覆地的变化。

乡村居民的新房

住房也许是当下乡村和城市最大的一个区别。城市由于昂贵的房价，城市居民绝大多数居住在公寓当中，很多户居民居住在同一幢楼里，下班之后就进了自己家门，邻里之间的往来也比较少。而在乡村，居民们有自家的宅基地，很多村民盖起了乡村小楼。一排排崭新的楼房整齐地排列在求是村中，每一栋楼房还自带庭院，大人可以在院落中乘凉喝茶，孩子们则在院落当中追逐玩耍。如此惬意舒适的居住环境，正是许许多多城市居民所向往的。

良好的居住需要有整洁的环境配套。求是村中，农村居民只需要将生活垃圾扔在垃圾桶中，每天都会有清洁人员定时来清理。污水管道的建设，改变了过去污水乱排，河道臭气熏天的景象。如今的求是村，农民享受到的是比城市更清新的空气，更整洁的环境。当我们问起村民愿不愿意搬去城市居住时，他们的头摇得像拨浪鼓，回答说："在城市挤在这么小的房子

"整治村庄环境，改善村民生活"标语牌

里面，对面住的是谁都不知道，怎么待得住。城市的空气这么差，还经常雾霾，农村的空气多新鲜。"这些回答当中，充满着村民对于乡村居住条件的自豪。过去那种农村人拼命往城市挤的观念确实发生了巨大的转变。

出行。

随着乡村居民收入水平的提高，出行方式也日趋多样化，村民的出行变得更加便利。为了生活和生产的方便，一些乡村居民购置了电动三轮车、农用车，平时可以用来运载一些货物。私家汽车在乡村已经不再少见，很多农民都拥有了私家汽车。公共交通在农村也得到了很大的发展。与之相适应，杭州已经做到村村通公路，并且村道的质量普遍很好。

村庄内部道路

在杭州多数农村,都有公交线路将村子与附近的城镇紧密相连。宽阔平整的柏油路通向每个村子,马路两旁建有绿化带,满眼绿色。交通设施的不断完善,使得农村和城市之间的交流更加频繁。现在不仅是城市的面貌日新月异,而且很多来农村观光或者是较长时间没回来的村民都会感慨乡村变化日日新。

每到夏天傍晚,村民都会在河道上散步,享受夏日傍晚的那一丝清凉。乡村生活方式与城市生活方式的差距正在一步一步的缩小。

由于农村经济的快速发展和农村居民收入水平的迅速提高,农村居民的衣食住行发生了巨大的变化,这些变化逐渐趋近城市居民生活方式,同时在一些方面也保留了农村生活的特色。随着农村经济的进一步发展以及城乡之间更加紧密的交流,农村居民的生活方式还会继续发生变化。

村口的公交站

乡村沿河的休闲小道

第三节　社会交往

受几千年传统文化的影响，人与人之间交往的"关系文化"可以说贯穿于中国人的社会活动中。梁漱溟先生曾说，人的成长会有四面八方而来的若近若远的数不尽的关系，这些关系始于家庭又不止于家庭，人们对这些关系负有相当的义务。费孝通先生曾将中国乡村社会关系总结为差序格局理论，认为人与人的关系不像一捆捆的木柴，条理清晰，而像一块石子丢进水塘所产生的波纹，一圈圈向外，由近及远，越来越淡。

村民们洗衣话家常

在传统的农业生产影响下，乡村人口分布相对分散，一家一户相隔较远，日常生产活动相对独立，互不关联。因为不需要通过外界提供生产生活所需，人与人之间交往较为简单。旧时的人们似乎是黏在土地上的，在自己居住的土地和农田里劳作，厮守着方寸之地，除了家庭成员和村里居民，交往对象十分有限。正因为如此，传统思维模式下的村民不愿选择背井离乡到外打拼的生活方式。随着市场经济的快速发展，乡村企业的发展，在农村从事非农业生产的人口在不断增加，这促使传统孤立分散的居住方式向相对集中的模式转变。这一转变逐渐瓦解着传统意义上的差序格局，乡村社会成员间的交往和以往相比也有了很大的不同。

通常乡村居民每家每户都是相互熟识的，谁家里做了好吃的，都会分一些给邻里和亲戚。乡村居民之间的关系也都特别亲近，谁家碰到了什么难事，有很多人都会尽力帮助。由于过去农村社会关系比较稳定,因此在很长一段时期内,农民的社会交往的形式和交际圈子也是相对固定的。但是随着农村社会生产方式的转变和生产力水平的提高,村民们的社会交往也在发生着改变,这种改变主要体现在社会交往时间的增多、社会交往对象的扩大和社会交往形式的丰富。

首先是社会交往时间的增多。随着科技进步,收入增加,电视网络走进了千家万户,人们不再满足于物质的温饱,开始有了更多的精神追求。村民们不再埋头于赚钱养家,而是将更多的时间用于了解外部世界,参加村里组织的活动等。

其次是社会交往对象的扩大。过去单纯的农业生产容易将村民禁锢在土地上,人口的流动性也相对较低,村民的社交圈比较狭窄,很多人只认识本村庄的人,很少有村子外面的社交圈子。现在,随着从事农业的人口数量降低以及人口流动的增加,乡村居民的社交圈子也在扩大。第一是转行做生意的村民朋友圈变得更大。由于生意上的需要,他们需要更多地与各地客户和供应商交流。第二是同学变得更多。随着乡村居民受教育程度的提高,尤其是年轻的乡村居民普遍完成了高中教育,而且很大一部分人是在城市里接受的教育,乡村居民也像城市居民一样有很多同学交往。第三是与城市里的亲朋好友的交往更加频繁,很多乡村居民的亲朋好友迁居城市,在便捷的交通和通讯工具的帮助下,相互之间的社会交往得以继续和不断巩固。

最后是社会交往形式的丰富。社会交往形式往往是和生产力水平相关的。在一个生产力水平比较低下的社会群体内,社交形式会比较单一,而随着生产力水平的提高和群体内人员收入水平的提高,社交形式则会更加多元化。

在过去很长一段时期内,乡村居民的社会交往方式主要依靠于面对面的方式。家里宴请客人,主人需要登门邀请。有什么家长里短,大家坐在一起唠唠。一户人家有了什么困难,大伙儿会一起过去问问有什么能帮得上忙的。这种社交形式由于社交圈比较小,因此往往呈现出集中性较高和外延性较窄的特点。随着通信方式的发展和社交圈的扩大,乡村居民的社会交往形式明显在转变中。在求是村,电脑的普及率极高,

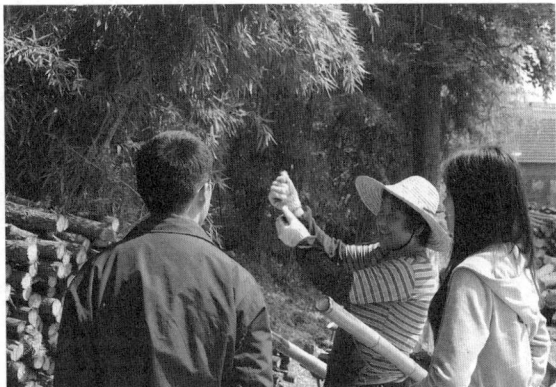

村民们日常交流

而手机和固定电话则更是生活的必需品。通过网络，大家可以在节日相互祝贺，可以和远在异乡甚至异国的亲友轻松地进行交流。聊天工具的多样化和普及，使人们的交流更加方便和频繁。

在社会交往内容上，过去的乡村居民可能更多的是将亲友请至家中，大家一起吃个饭，拉拉家常。如果哪家发生了红白喜事，亲友们会相约去帮忙。而现在农村的交往形式则是日渐丰富。在求是村，经常组织村民集体外出旅游，而三五好友的出游小聚更是频繁，找个地方喝喝茶，或者是钓鱼打牌放松身心。几乎每户村民都会有亲朋好友在城市居住，因此去城市探亲访友是很普通的事情。

第四节　休闲娱乐

休闲是一种生活方式，娱乐是其中的重要内容。如果人们一直生活在充满紧张压力的情绪下，生活就会没有质量，不利于身心健康。适当的休闲娱乐，是促进身心健康的重要途径。过去说到休闲娱乐，往往都是城市人的事情，现在农村人也很注重休闲娱乐，随着经济的快速发展，乡村居民的休闲娱乐方式也有了更多的选择空间。村民们可以自由地选择自己喜爱的休闲娱乐方式，休闲生活也变得更加丰富多彩。

喝茶对于杭州的城市居民来说，不仅仅只是解渴，更是一种生活方式。每逢周末或者节假日，约上三五好友，去梅家坞、龙井村喝喝茶、聊聊天，享受一份难得的清净，是杭州人引为自豪的休闲方式。杭城周边的乡村居民，也有喝茶的习惯。相对于城市居民要驱车十几公里才能觅得一个喝茶的好去处，这里的村民要幸福得多。居住在这个有山有水的地方，随便搬几把椅子，放几碟小吃，在河边或者树下就能舒服地喝茶闲聊一个下午。除了龙井茶，村民还特别喜欢当地出产的白茶，白茶相比于龙井茶更多了一丝熟悉和清淡。家家户户都有小院子，夏天的晚上吃完饭，在院子里的石桌上面摆上几个杯子，泡好一壶茶，就可以等着邻里老友的相继到来。喝喝茶、

乡村茶馆

下下棋,晚上的时间很快就能消磨过去。清晨,求是村的小河两旁,会有老人在早锻炼,结束锻炼后,陪伴他们的是一杯早已泡好的清茶。不同于平常的细品,这个时候更多的是豪饮几口,有说不出的畅快。

茶馆在杭州乡村的发展越来越红火。为了接待周边城市过来的游客,有些茶商也会投资茶馆,推销本地的茶叶。茶馆在吸引城市居民来旅游方面发挥了积极的作用。登山、漂流结束后,到茶馆小坐,身心畅快。很多本地村民偶尔会来茶馆小聚,或者是招待城市来的亲朋好友,这是茶馆老板所没有预想到的。习惯了在自家院落里面饮茶,偶尔相聚在茶馆休闲娱乐,会有一番不一样的感受。

漂流站点旁的茶馆

到棋牌室打牌,到 KTV 唱歌,是城市中常见的休闲方式。如今,在杭州的乡村和山村里,也有了棋牌室和 KTV 歌厅。来歌厅、棋牌室玩乐的,不光有游客,也有附近的村民。乡村的休闲娱乐活动方式正在不断向城市看齐。

山村里的 KTV 歌厅和棋牌室

由于生产技术的提高,体力劳动不断减轻,越来越多的劳动者在日常工作中付出的体力减少。同时，人们的饮食质量不断改善。摄取了过多的营养元素，加之不健康的作息规律，亚健康人群的数量迅速上升。这一现象，无论是在城市，还是在农村，都呈现出越来越普遍和严重的趋势。为了增进人民体质，杭州的农村同城市一样，普遍修建了健身场地和设施，村民劳动之余，也像城里人一样，开展健身运动。

仙宅村里村健身点

　　乡村居民的日常运动主要有以下几个去处。第一，村里新建的公园中有各种运动器械，村民可以使用这些器械进行身体锻炼。第二，社会服务管理分中心，摆放有乒乓桌和台球桌，免费向村民开放。第三，近年来在城市风靡的广场舞在乡村也得到了很大普及，大妈们也经常在晚饭后相聚在一起跳广场舞，既丰富了生活，又锻炼了身体。第四，村中的沿河小道，是村民饭后休闲锻炼的最好去处。有些人选择在林荫小道上散散步，放松放松身心，也有些村民会选择慢跑，看看沿河美丽的风景。

求是村健身点

2013 年 9 月 28 日,一场由径山镇求是村村委组织的乒乓球邀请赛在径山中学体育馆举行,此次邀请赛旨在推动全民健身的热潮,培养团队的合作精神,加强与各村、各单位之间的体育活动交流。

求是村 2013 年乒乓球邀请赛

来自径山镇各村和企事业单位共 12 支队伍参加了此次乒乓球邀请赛。邀请赛采取循环赛制,由径山中学体育老师担任裁判。先由各个代表队抽签决定参赛顺序,采取三局两胜制,每局后双方交换场地,最后决出前三名。本次乒乓球邀请赛在和谐、有序、规范的气氛中进行,每个代表队的每名运动员都发挥出了水平,赛出了风格,赛出了友谊。经过一天激烈的角逐,最终平山村代表队获得本次邀请赛第一名,桥头社区代表队获得第二名,求是村代表队获得第三名。①

---

①　http://xnc.zjnm.cn/zdxx/index.jsp? zdid＝26108,2014－06－22.

第四章　杭州城乡生活方式问卷调查

在当代中国的城市化进程中，杭州的城市和乡村居民的生活发生了巨大的变化。这些变化，既有物质生活方面的变化，人们能够感受到住房、交通、饮食、娱乐、学习环境、工作环境、市容市貌、乡村面貌等等的变化；也有心理和观念方面的变化，人们对学习、工作、生活、家乡等等，都有了新的认识和想法。他们如何看待城市化给他们带来的变化呢？于是，我们做了一个杭州城乡生活方式问卷调查。

第一节　问题的提出

在城市化进程的推动下，杭州城乡发生了巨大的变化。但是城市和乡村的变化是不一样的，这种不一样，表现在许多方面。比如，有发展水平的，有生活方式的，有思想观念的，等等。社会存在决定社会意识。那么，生活在城市里和生活在乡镇的杭州人，他们是如何对待自己的生活呢？他们是如何看待自己的生活呢？

杭州人如何看待自己的生活

关于当代杭州城乡居民的生活方式和思想观念，以前也有人进行过研究，但是基本上都是根据自己的印象，进行一些描述分析式的探讨。也有人使用问卷进行了一些调查，但是问卷的编制往往不够规范，标准化程度不高，对调查效果有一定的影响。对杭州城乡居民使用相同调查问卷，同时调查，进行比较研究，之前还没有人做过。因此，对杭州的城市居民和乡镇居民使用精心编制标准化问卷，在同一时期，分别对城市居民和乡镇居民进行调查，对调查问卷进行科学的数据处理和统计分析,对调查资料进行认真的研究,对于了解杭州城市居民和乡镇居民的生活方式和心理感受,有重要的学术价值和现实意义。

这个研究的学术价值和现实意义有这样一些:

(一)记录了当代中国城市化进程中杭州城乡居民的生活方式和心理感受,具有宝贵的文献资料价值。

(二)充实了城市社会学和农村社会学的研究成果。

(三)充实了社会心理学的研究成果。

(四)丰富了历史唯物主义关于生活方式和社会意识的研究。

(五)可以为政府部门关于杭州经济社会发展的决策提供参考。

第二节　问卷设计

问卷调查,是当今常见的一种研究方法,是以书面提出问题的方式搜集资料的一种研究方法。研究者将所要研究的问题编制成问题表格,以邮寄、当面作答或者追踪访问方式填写回答,从而了解被调查者对某一现象或问题的看法和意见,所以又称问题表格法。问卷调查结果是否准确可靠,关键在于是否科学地确定问题、编制问卷、选择被调查对象和数据分析。

一、确定调查问题

当代杭州城乡居民的生活方式和思想观念,包括很多内容。一份调查问卷,不可能涵盖所有内容。因此,应当根据调查目的,选择适当的问题,既保证不遗漏主要内容,又把问卷的篇幅控制在适当的范围。这就需要仔细确定调查问题。

通过查阅文献和多次讨论,我们最终确定了12个调查问题。我们认为,通过这些问题,可以了解当代杭州城乡居民的生活方式和思想观念的主要特点。这12个问题是:

(一)生活满意度。调查城市居民或乡镇居民对自己目前生活的总体满意程度。

(二)职业倾向。调查城市居民或乡镇居民在选择工作时对工作性质和工作地点的态度。

(三)穿衣特点。调查城市居民或乡镇居民对穿衣卫生和款式、质量的态度。了解城乡居民消费水平和消费观念。

（四）饮食特点。调查城市居民或乡镇居民对食物营养的态度和就餐方式。了解城乡居民的健康观念、消费水平和当地服务业发展水平。

（五）居家生活。调查城市居民或乡镇居民的生活方便程度和居家安全程度。

（六）出行方便。调查城市居民或乡镇居民交通出行的方便程度。

（七）人际交往。调查城市居民或乡镇居民人际交往范围和交往主动性。

（八）消费水平。调查城市居民或乡镇居民的消费态度和购物方式。

（九）健康状况。调查城市居民或乡镇居民健康状况和健康意识。

（十）城乡比较。调查城市居民或乡镇居民对城市或乡村的感受。

（十一）城市印象。调查城市居民或乡镇居民对城市生活的印象。

（十二）社会发展。调查城市居民或乡镇居民对当地社会发展的感受。

二、编制问卷

我们确定了计划调查的 12 个问题之后，接着研究和确定具体题目。

第一个问题"生活满意度"，调查居民对生活的满意度，属于心理学调查。我们决定采用心理学研究中经常使用的《生活满意度问卷》(Satisfaction With Life Scale, SWLS)。《生活满意度问卷》由美国伊利诺伊州立大学心理学家爱德华·迪纳(Diener)编制。问卷共有 5 个题目，采用 7 级评分（"不赞同"打 1—3 分；"不赞同也不反对"打 4 分；"赞同"打 5—7 分）。为了减少数据误差，本研究将问卷改成 5 级评分，从"1 分"至"5 分"分别对应选项"很不符合"、"不太符合"、"不确定"、"比较符合"与"很符合"。得分越高，表示对当前的生活满意度越高。该量表是国际上通用的测量生活满意度的问卷，许多跨文化研究表明，该问卷具有良好的信度和效度，量表的再测信度大于 0.80，内容效度大于 0.60，效标效度大于 0.50。

其余的 11 个问题，属于社会调查性质的问题，主要调查生活环境、生活方式和社会发展情况。我们在每个问题下面列出了 10 个以上的题目。经过讨论，去掉了那些意思相近、内容不明确、不易理解的题目，留下 50 个题目。然后，对留下的 50 个题目进一步完善和筛选后，选定了 35 个题目。这些题目采用 5 级评分，从"1 分"至"5 分"分别对应选项"很不符合"、"不太符合"、"不确定"、"比较符合"与"很符合"。我们将这 35 个题目编制成一个试测问卷，进行了 50 人的小范围试测，根据试测结果，对个别问题进行了修订，形成正式调查题目。这 35 个题目，每个问题都是了解被调查者对某个事物的判断或者态度，相互之间区分度很高。经多位专家评阅，认为这些题目符合社会调查题目的要求。

确定了调查题目之后，我们编制了正式使用的调查问卷。问卷中的所有题目均为单向选择题,被调查者只需要对每个题目圈定一个选项即可。

该问卷包括两部分内容。

第一部分是被调查者的人口学资料。包括:性别、出生年份、户籍、学历、职业、年收入等 6 项内容。

第二部分是回答问题。

生活满意度的题目编号为:A101、A102、A103、A104、A105;

职业倾向的题目编号为:A201、A202、A203;

穿衣特点的题目编号为:A301、A302;

饮食特点的题目编号为:A401、A402;

住房质量的题目编号为:A501、A502、A503;

出行方便的题目编号为:A601、A602、A603;

人际交往的题目编号为:A701、A702、A704、A705;

消费水平的题目编号为:A801、A802、A803;

健康状况的题目编号为:A901、A902、A903;

《城乡居民生活方式调查问卷》

城乡比较的题目编号为:A111、A112、A113、A114;

城市印象的题目编号为:A121、A122、A123;

社会发展的题目编号为:A131、A132、A133、A134、A135。

本研究实际使用的《城乡居民生活方式调查问卷》见本书附录。

第三节　问卷调查

一、调查对象

(一)杭州城市居民

2013 年 5 月和 6 月,我们在杭州师范大学随机抽取了 150 位教师和职工,对他们进行了问卷调查。在杭州市邮政局以方便取样的方式，对200位职工进行了问卷调查。杭州师范大学教职工及杭州市邮政局工作人员都是杭州本地居民，具有城市居民的代表性。

（二）杭州乡镇居民

2014年4月，我们在杭州市余杭区瓶窑镇市民中心，以方便取样的方式，对119位前来办事的居民进行了问卷调查。瓶窑镇位于杭州西北部郊区，是杭州市的农业大镇。1997年被列为浙江省小镇综合改革试点镇，2000年被确定为浙江省中心城镇。经过多年的发展，瓶窑镇已实现农业规模化、产业化、品牌化。工业产值突破百亿，跻身杭州市工业十强乡镇行列。瓶窑镇处于城镇化进程中城市和农村的混合过渡区，既保留大量农村的生产方式和生活方式，又体现了许多城市的精神风貌和生活剪影。因此，瓶窑镇的居民，更能体现城乡间的互动。

在杭州市余杭区瓶窑镇市民中心进行问卷调查

（三）调查对象的人口学情况

为了使调查具有代表性，我们选取不同性别、不同年龄、不同教育程度、不同职业类型、不同收入水平的城乡居民作为调查对象。调查对象的人口学情况见表4-1。

表4-1　调查对象的人口学情况

		人数	百分比（%）
调查地点	城市	350	74.6
	乡镇	119	25.4
性别	男	225	48.0
	女	241	51.4

		人数	百分比（％）
出生年份	1930 年—1939 年	3	0.6
	1940 年—1949 年	6	1.3
	1950 年—1959 年	16	3.4
	1960 年—1969 年	54	11.5
	1970 年—1979 年	117	24.9
	1980 年—1989 年	177	37.7
	1990 年—2000 年	73	15.6
户籍	本市城镇户口	295	62.9
	本市农村户口	51	10.9
	非本市户口	118	25.3
文化程度	小学	2	0.4
	初中	25	5.3
	高中	45	9.6
	大专	107	22.9
	大学	238	50.7
	研究生	50	10.7
职业类型	农民	12	2.6
	工人	23	4.9
	公务员	24	5.1
	服务人员	39	8.3
	管理人员	99	21.1
	专业技术人员	64	13.6
	职员	131	27.9
	学生	71	15.1
年收入水平	2 万元以下	32	6.8
	2 万—5 万	125	26.7
	5 万—8 万	131	27.9
	8 万元以上	101	21.5
	无收入	65	13.9

二、调查过程

正式调查前,我们事先与相关单位的领导协调,根据调查对象的特点,对调查时间、调查方式、调查组织做了认真的准备。我们对调查员有标准调查方法和调查程序的要求,统一调查指导语和调查方法,做好调查的准备工作。

调查对象拿到问卷后,调查员认真讲解问卷指导语,在确定调查对象理解指导语后,开始笔答问卷。遇到答题过程中有不理解题意的情况时,调查员说明题意。答题时间控制在 30 分钟以内。答题完毕后,检查问卷,当场收回问卷。调查共发放问卷 500 份,回收 500 份,问卷回收率为 100%。剔除 29 份无效问卷,获得 471份有效问卷。

三、数据处理

本研究收集到的问卷全部输入计算机,经过数据清理程序,剔除不符合要求的问卷和无效问卷后,使用 SPSS 18.0 统计软件进行分析。对于经过统计分析后得到的数据,课题组对使用范围和使用要求做了规定,确保科学、准确地使用有关数据。

第五章 杭州城乡居民生活方式比较

我们通过问卷调查,对杭州城市居民与乡镇居民的生活方式进行比较了研究。研究的内容主要包括:城市居民与乡镇居民职业倾向的比较、衣食住行的比较、社会发展的比较、城市居民与乡镇居民印象的比较以及生活满意度的比较。通过对比分析,我们可以看到一般人想不到的、许多有意思的事实。比如,城市居民比乡村居民更加喜欢城市生活,而乡村居民比城市居民更喜欢乡村生活。但是另一方面,城市居民又向往农村生活,农村居民也在向往着城市。城市生活和乡村生活就好像是初恋中的靓姑娘和帅小伙,相互吸引又彼此界限分明。在互动中相互影响,相互改变,但同时又保留自己的本真。

第一节 职业倾向的比较

农村的产业结构以种植业和养殖业为主。城市的产业结构以工业和服务业为主。产业结构决定了农村人和城市人的职业选择。职业倾向问卷部分包括三个题目,分别是"我愿意做体力工作"、"我愿意从事有挑战性的工作"、"我不在乎离开家乡工作"。从工作类型、工作难度、家乡情结三个方面考察城市居民与乡镇居民间的差异。城市居民和乡镇居民职业倾向的比较如表5-1所示。

表5-1 城市居民与乡镇居民职业倾向比较

分类	户籍	均值	标准差	t 值	p 值
A201 我愿意做体力工作	农村	3.06	1.137	2.839	0.005**
	城市	2.73	1.069		
A202 我愿意从事有挑战性的工作	农村	3.42	1.004	−2.503	0.013*
	城市	3.69	0.986		

续　表

分类	户籍	均值	标准差	t 值	p 值
A203 我不在乎离开家乡工作	农村	3.18	1.267	-0.550	0.582
	城市	3.25	1.289		
职业倾向	农村	3.218	0.802	-0.054	0.957
	城市	3.223	0.755		

注：* 表示 $p<0.05$，** 表示 $p<0.01$，下表均同。

从表 5-1 中我们可以看出，在"我愿意做体力工作"和"我愿意从事有挑战性的工作"两个选择上，城市居民和乡镇居民有显著差异，两者分别在 0.01 和 0.05 水平上差异显著。而在"我不在乎离开家乡工作"和职业倾向均分上，两者差异在统计学意义上不显著。

在是否愿意从事体力工作的题目上，农村居民的得分显著高于城市居民，两者在 0.01 水平上差异显著。这说明以第一产业为主的农村人，长期从事种植业、养殖业工作，习惯于从事体力劳动。体力劳动在产业链的底端，工作条件艰苦。当今社会正处于产业转型期，越来越多的人通过掌握技术、学习文化知识从第一产业向第二第三产业过渡。杭州城市居民的平均文化水平比农村居民高，因此他们更愿意从事脑力劳动而非体力劳动。城市与乡镇间的产业结构差异和城市居民与乡镇居民的文化素养差异导致了他们选择职业类型的差异。

在是否愿意从事有挑战性工作的题目上，城市居民的得分显著高于农村居民，两者在 0.05 水平上差异显著。农村人相比城市人而言，生活方式单一，生活成本低，他们有自己的宅基地可以建房，他们能自己种植粮食和蔬菜以供日常需求。同时农村的工作环境相对较单一，就业机会较少，在农村具有挑战性的工作更少。因此，他们更习惯于日出而作、日落而息这样有规律比较安稳的生活。而城市人通过学习文化知识，通过专业技能培训，有一定的能力从事挑战性的工作。城市的物价、房价水平高，具有挑战性的工作往往能带来丰厚的回报。另一方面，城市发展日新月异，需要大量的人力资源，会提供大量的工作岗位。因此，城市人更喜欢具有挑战性的工作。城市居民与乡镇居民间的生活方式、生产方式和文化素养的差异导致了城市居民与乡镇居民在选择职业类型和职业难度上的差异。

随着市场经济的发展，城市化进程的加快，2013 年中国农业产值占国民经济的比重在中国历史上首次降到 10% 以下，这意味着中国农业进入了一个重要的转型期。分散的农耕、养殖已经不适应经济发展的需求,传统农耕带给人们的收入已经不足以满足农村人的需求。同时在城市化进程中,农村人更多地了解到城市就业机会更多,赚钱更多,城里有更好的教育体系、医疗体系和公共服务体系。因此,大量的农村人背井离乡来到城市,希望在城市工作、赚更多的钱、过更好的生活、让子女受到更好的教育。这批离开家乡远赴城市工作的农村人被称为农民工,农民工是中国城市化的动力和主力军。对于城市居民来说,把个人积攒的资本运营于各个城市之间可以增加收益,到国内其他城市甚至国外能够谋求更好的发展。这些原因使无论是农村人还是城市人,都愿意背井离乡到异地去工作,因此他们在这个项目上并没有太大差异。中国大量的人口流动也是城市化的标志之一。

城市居民与乡镇居民职业倾向均分间没有明显差异。说明随着生产方式的变革及产业的转型,无论是农村人还是城市人都期望有更高的收入和更好的生活条件。为此,他们或奔走他乡,或改变传统生产模式,或加入新兴行业。全民整体的就业趋势基本一致,只是在工作类型和工作难度上显示出差异。

农民工进城

第二节　衣食住行的比较

美国著名的心理学家亚伯拉罕·马斯洛于 1943 年在《人类激励理论》中提出"需要层次理论"。他把人的需要分为生理需求(Physiological needs)、安全需求(Safety needs)、爱和归属感(Love and belonging,亦称为社交需求)、尊重(Esteem)、和自我实现(Self-actualization)五层,依次由较低层次到较高层次排列。只有低层次的需要被满足,人才会追求更高层次的需要。衣食住行和健康状况就是人最基本的生理需要和安全需要。由于城市居民与乡镇居民生活环境、生产力水平和生产方式不同,城市居民和农村居民满足基本需要的方式也有所不同,基本需要被满足的程度也不尽相同。

一、城市居民与乡镇居民穿衣特点比较

我们从穿衣是否干净、穿衣是否得体两个方面考察城市居民与乡镇居民穿衣特点的差异。衣着特点有两个题目，即"我每天换洗内衣"和"我出门的时候很注意衣服是否得体"。城市居民与乡镇居民间穿衣特点比较如表 5 - 2 所示。

表 5 - 2　城市居民与乡镇居民穿衣特点比较

分类	户籍	均值	标准差	t 值	p 值
A301 我每天换洗内衣	农村	4.12	0.855	-1.166	0.244
	城市	4.23	0.940		
A302 我出门的时候很注意衣服是否得体	农村	4.03	0.828	0.091	0.928
	城市	4.02	0.889		
穿衣特点	农村	4.071	0.652	-0.655	0.513
	城市	4.124	0.794		

关于城市居民与乡镇居民穿衣特点，在"我每天换洗内衣"这个题目上，城市居民得分高于农村居民，但是两者在统计学意义上差异不显著。在"我出门的时候很注意衣服是否得体"题目上，城市居民与乡镇居民得分基本一致。穿衣特点均分城市高于农村，但两者在统计学意义上，差异不显著。

从城市居民与乡镇居民穿衣的整洁度上看，城市居民和农村居民在"我每天换洗内衣"这个题目上，均分都高于 4 分(4 分表示比较符合)，且两者间无显著差异。这说明，无论是城市居民还是农村居民，都很讲究卫生，注重穿衣的干净度。这也是人们生活质量提高的重要标志。在传统的农村生活中，农耕和养殖占据主要地位，农村居民要下地干活或下池塘养殖。一天的劳作使农村居民身心俱疲，往往是回到家后倒头就睡，根本没有时间，没有力气换洗内衣甚至外衣。而现在，农村通过调整产业结构，推进农业产业化、机器化生产代替了繁重的体力劳动，劳动效率大幅度提高，从事农业劳动的收益也大幅提高。因此，农村居民有精力更加注重自己的穿衣干净程度。城市的居民主要从事第二、第三产业居多，从事服务行业等第三产业要求城市居民穿戴干净整洁，这是工作需求，也有助于城市居民养成的良好生活习惯。

从城市居民与乡镇居民穿衣的品位来看，城市居民和农村居民在"我出门的时候很注意衣服是否得体"这个题目上，均分同样高于 4 分，且两者无显著差异。在穿衣样式上，城市居民离购物中心较近，容易购买当季最流行的衣服，穿衣样式比

农村要前卫。在穿衣品味上,城市居民向国际流行风向看齐,而农村居民多向城市居民看齐,穿衣品味也会有一定的差异。但是,尽管农村和城市都有自己"穿衣得体"的标准,现如今农村生活水平提高了,农村居民关心的不仅仅是吃饱和穿暖的问题了,他们和城市居民一样更加注重穿衣是否得体。

城市居民与乡镇居民间穿衣特点均分间的差异也不显著。这说明,无论城市还是农村,在满足最基本的生存需要之后,都会追求审美的需求。

二、城市居民与乡镇居民饮食特点的比较

近来最火的电视节目之一当属中央电视台播出的"舌尖上的中国"。这个节目展示了城市和农村的各种美食。节目中的农村人更偏爱食物原始的鲜美,城市中的居民更擅长将食材精雕细琢,仿佛在玩味一件艺术品。饮食代表着每个地区的生活习惯和风土人情。我们主要从饮食习惯方面来考察城市居民与乡镇居民饮食特点间的差异。城市居民与乡镇居民间饮食特点比较如表5-3所示。

表5-3 城市居民与乡镇居民饮食特点比较

分类	户籍	均值	标准差	t 值	p 值
A401 我每天喝牛奶	农村	2.71	1.229	−1.726	0.085
	城市	3.00	1.657		
A402 我经常在餐馆吃饭	农村	2.57	1.161	−2.039	0.042*
	城市	2.83	1.215		
饮食特点	农村	2.643	0.985	−2.504	0.013*
	城市	2.916	1.040		

饮食特点有2个题目。在"我每天喝牛奶"这个题目上,城市居民得分高于农村,说明城市人比农村人更习惯喝牛奶,但是两者间的差异在统计学意义上不显著。在"我经常在餐馆吃饭"这个题目上,城市居民的得分高于农村居民,且两者在0.05水平上差异显著。饮食特点均分同样也是城市高于农村,且两者在0.05水平上差异显著。

牛奶被称为"液体黄金",有很高的营养价值。中国自满清入关以后,因为满族人和蒙古人喝牛奶,这种习俗渐渐传入关内。但是,人们真正认识到牛奶的营养价值,开始作为日常消费却只有短短几十年的时间。最初只有城市居民广泛饮用牛奶,农村居民饮用较少。随着城市居民与乡镇居民间的互动,城市化进程的加快,农村居民

也不仅仅停留在吃饱的问题上,他们开始追求营养均衡,喝牛奶便开始在农村中逐渐流行起来。目前,农村人喝牛奶的习惯正处于形成中,很多农村人经常喝牛奶但不是天天喝。习惯的差异造成了城市居民与乡镇居民在这个题目上的差异。

农村传统的家庭结构是男主外女主内。男人从事农业和养殖业生产或去工厂打工,而妇女多在家做家务带孩子。现在大部分农村还保留这样的习惯。即使妇女外出工作,也会为了兼顾家庭选择时间短、简单的工作。因此,农村家庭主妇有足够的时间做饭、做家务。在家吃饭经济实惠且干净,农村家庭只有来了比较重要的客人,为了表示对客人的尊重和重视,才会到餐馆吃饭。在城市,生活成本高,夫妻双方往往要同等承担养家糊口的重任,辛苦劳作一天的夫妻更倾向于外出就餐,以此省去做饭的劳累。此外,城市餐馆品种口味繁多,城市人就比农村人更加有条件享受舌尖上的美味。城市比农村更高的收入,也是城市居民比农村居民更加愿意外出就餐的重要原因之一。

城市居民与乡镇居民在饮食特点均分上也存在显著差异。这是由城市居民与乡镇居民生活水平、生活方式、消费方式、生活习惯共同决定的。

三、城市居民与乡镇居民住房质量比较

农村的土地归国家所有,住房用地是划分的宅基地。农村居民可以在宅基地上建造自己的住房或其他设施,不能抵押也不能继承。城市的土地归国家所有,住房用地属于建设用地。城市居民购买的房屋在规定时间内有产权。我国基本的农村和城市住房政策影响着农村和城市的住房质量和生活习惯。这里,我们从住房的功能性、安全性和现代化程度来考察城市居民与乡镇居民间的差异。城市居民与乡镇居民住房特点比较如表 5-4 所示。

表 5-4 城市居民与乡镇居民住房质量比较

分类	户籍	均值	标准差	t 值	p 值
A501 我在家上网很方便	农村	3.93	1.071	-2.633	0.009**
	城市	4.22	1.013		
A502 我住的地方很安全	农村	3.83	0.986	0.147	0.883
	城市	3.82	0.937		
A503 我们家经常使用微波炉	农村	2.29	1.256	-4.313	0.000**
	城市	3.03	1.722		

分类	户籍	均值	标准差	t 值	p 值
住房质量	农村	3.350	0.700	−4.046	0.000**
	城市	3.688	0.813		

　　住房特点部分有 3 个题目。在住房功能性上的题目是"我在家上网很方便"，城市居民得分高于农村居民，两者在 0.01 水平上差异显著。在住房安全性上的题目是"我住的地方很安全"，城市居民和农村居民并无显著差异。在住房现代化程度上的题目是"我们家经常使用微波炉"，城市居民住房现代化程度高于农村，两者在 0.01 水平上差异显著。住房质量均分上，城市居民得分高于农村，两者在 0.01 水平上差异显著。

杭州萧山区闻堰镇黄山村农民住宅

　　截至 2012 年底，我国所有行政村都接入了电话网络，88% 的行政村有了宽带连接，农村互联网用户人数达到 1.56 亿。但是农村的互联网普及率仍然远低于城市。农村信息化建设仍需加强。20 世纪 90 年代中期开始，计算机通信迅速发展，城市居民可以享受到计算机带来的方便。随着经济的发展和计算机的更新换代，农村居民越来越富裕，计算机也越来越能被大众消费，农村居民也开始广泛使用互联网络。现今农村的网络并未达到普及的程度。一方面可能是由于农村基础设施建设的滞后，虽然农村居民有经济能力买计算机，但是乡镇网络体系并没有建好，会造成农村居民有计算机，但是仍然不能上网的窘迫。另一方面，计算机的价格对偏远地区农村来说，仍是很昂贵的，农村居民不愿意买计算机，毕竟计算机不是生活必需品。此外,计算机最先开发使用是在城市,网络格局、网页设计等都依据于城市居民的认知水平。开发出来的计算机及网络产品几乎都是针对有一定文化素养的城市人,专门针对农村人的计算机产品和网络产品寥寥无几,面对复杂的计算机操作,农村人可能不习惯使用。因此,要想使信息化技术普及农村,政府应加强网络基础设施建设,计算机厂商要设计适合农村人使用且价格合适的计算机,网络开发商也要多开发一些针对农村居民的网络应用软件。例如,开发专门的农村居民在线买卖农产品的软件。计算机网络的普及是城市化进程的一个重要步骤,如何开发适合农村居民使用的计算机网络,如何让农村居民在网络中受益,是我国现代化进程中面临的重大问题。

在全国治安最好的城市排名中,杭州排名第四。在我们的研究中,杭州的住房安全性方面,城市和乡村无显著差异。且城市居民与乡镇居民在住房安全性的得分都是 3.8 分以上(4 分表示我很同意"我住的地方很安全"这个说法)。这说明,杭州的治安无论城市还是农村都较好。这个题目体现了杭州居住环境的一些共性。

为激活农村居民购买能力,扩大农村消费,促进内需和外需协调发展。我国从 2008 年开始实施家电下乡政策,对农村居民购买纳入补贴范围的家电产品给予一定比例(13%)的财政补贴。另一方面,随着农村居民收入的提高,农村居民越来越有能力购买家电产品。一般而言,电视、冰箱、洗衣机等都是生活必需用品,也是农村居民购买家电的首选。而微波炉、电脑等并不

杭州西湖附近的一处住宅小区

是生活必需品,但是却可以提高生活质量,给生活带来方便。在本研究中,农村居民经常使用微波炉的比率远低于城市居民。这说明农村居民置办微波炉的家庭比城市居民少,或者是农村居民家里虽然有微波炉但是没有经常使用的习惯。这也体现了城市住房的现代化程度比农村住房高。

从住房质量均分上看,城市居民住房质量显著高于农村居民。这不单单是因为城市居民的住房在功能性、现代化程度上高于农村居民。同时还因为城市是资源集中地,除了城市居民自身住房条件好之外,城市住房给城市居民带来更多的便

捷和更多的公共资源。城市住房有更好的教育资源,更便捷的交通,更能享受政府惠民政策,更方便使用体育馆、图书馆等公共设施,在购物、娱乐等方面也更便利。因此,从住房质量上看,城市住房质量明显高于农村。但是,近几年来城市房价高居不下,不少城市居民承受不了房贷、车贷、工作的压力,厌烦了城市污染的环境、拥堵的交通,开始了回归农村的热潮。于是就形成了这样一种怪象:农村居民为了子女接受更好的教育、为了享受城市更多的资源、为了在城市获得更多的劳动报酬改善生活,不断大量涌入城市,他们从事城市最辛苦、最危险的工作,他们为城市的建设增砖添瓦。他们就是"农民工",在杭州他们也被称为"新杭州人"。2013年,城市农民工已达到2.6亿。另一方面,城市居民为了逃避昂贵的房贷、车贷,为了减缓自己的工作压力,逃避城市日益的膨胀造成的交通拥堵、竞争压力增大、环境污染加剧等问题,他们从大城市回到小城市,甚至从小城市回到农村。大学生回家养殖牲畜、城市白领回乡承包池塘养鱼等现象都屡见不鲜。在城市化进程中,如何平衡经济和环境发展是需要进一步深思的问题。

四、城市居民与乡镇居民出行方便比较

道路交通的发展缩减了城市间的距离,在创造经济效益的同时,也给人们的生活带来方便。宽敞的道路、高架桥、地铁、高速公路等等,构成了城市的交通动脉,各种各样便捷的交通工具如公共汽车、自行车、出租车、私家车、火车等等构成了城市的血液。一个生命力强的城市。必定是血量充足并且运行有条不紊的。城市居民与乡镇居民出行方便比较如表5-5所示。

表 5-5　城市居民与乡镇居民出行方便比较

分类	户籍	均值	标准差	t 值	p 值
A601 我能在 4 小时内到达上海	农村	4.09	0.920	-.916	0.360
	城市	4.19	1.049		
A602 我家距离大超市乘汽车不超过半小时	农村	3.50	1.268	-5.078	0.000**
	城市	4.11	1.104		
A603 我出行主要利用公共交通工具	农村	3.09	1.384	-2.275	0.023*
	城市	3.41	1.283		
出行方便	农村	3.56	0.624	-4.607	0.000**
	城市	3.90	0.730		

在城市居民与乡镇居民出行方便比较方面，在"我能在 4 小时内到达上海"这个题目上，农村和城市居民得分都在 4 分以上(4 分表示"我很同意我能在 4 小时内到达上海这个说法")，且两者无显著差异。在"我家距离大超市乘汽车不超过半小时"这个题目上，农村和城市居民得分都在 3.5 分以上，城市得分高于农村，且两者在 0.01 水平上差异显著。

杭州地铁方便了市民出行

在"我出行主要利用公共交通工具"方面，城市居民得分高于农村，且两者在 0.05 水平上差异显著。出行方便均分城市居民高于农村，且两者在 0.01 水平上差异显著。

杭州至上海直线距离 176.7 公里。驾车 3 小时左右车程。高铁 1 小时车程。杭州城市居民可选择驾车或高铁到上海。但对于杭州城市周边的农村居民来说，从自己家到高铁站需要花费一段时间，中途等公交车地铁也需要一定时间，到高铁站之后买票进站到达上海，一共算起来至少也要 4 小时。不过在这个题目上，农村居民去上海的方便程度跟城市居民一样，两者都能在 4 小时内到达上海。因此，农村居民开车去上海的可能性较大。这也说明，农村生活水平提高了，买车的人多了，习惯开车出行的人也多起来了。在城市化进程中，他们的生活条件和生活习惯都渐渐发生改变。

在我们的研究中，无论农村居民还是城市居民，大部分居民前往附近的大超市都不超过 30 分钟。这说明杭州整体发展较好，大超市遍布农村和城市。同时，便捷的交通也为人们去超市购置货物提供了方便。但是，城市相对农村而言，会有更多的资源，超市会比农村的多，档次也会高许多。城市交通更加便利，这就使城市居民与乡镇居民显

杭州农村公路

示出了差距。本研究结果,显示城市居民到超市去比农村居民更方便。

从表5-5中的出行方便均分来看,城市居民明显高于农村居民。杭州城市目前主要的交通工具有公交车、出租车、自行车、地铁、私家车等,城际间的交通工具主要是飞机、火车、高铁等。目前杭州地铁暂未开通至农村地区,农村公交车的班次也比城市公交少,火车站设在市内,机场大巴城市的班次多于农村。从这些硬件设施上看,城市的出行明显比农村方便许多。

杭州银泰百货　　　　　　　　　　　　　　农村的超市

五、城市居民与乡镇居民健康状况比较

现代人的健康内容包括:躯体健康、心理健康、智力健全、有良好的社会适应能力等。一个健康的人在身体、精神和社会适应等方面等都处于良好状态。健康是人的基本权利,是人生的第一财富。现今,随着城市化进程的加快,环境污染、饮食习惯、食品安全、工作压力已成为影响健康的重要因素。雾霾、沙尘暴等环境污染给人们的呼吸系统带来沉重的负担,近年来城市呼吸系统发病率显著增加。随着生活质量的提高,人们的饮食习惯也发生了变化,高脂肪、高热量的食物使城市"富贵病"(高血压、高血脂、高血糖)频发。食品安全隐患也在威胁着人们的身体健康,不良商人非法使用食品添加剂、着色剂等,黑心商人制做地沟油等,这些不安全的食品已成为城市居民身体中的定时炸弹。社会发展越来越快,社会节奏越来越快,人们的工作压力也越来越大,常见的职业病也成了健康的杀手。为此,我们从精力、睡眠、运动习惯等来考察城市居民与乡镇居民在健康状况上的差别。城市和乡村居民健康状况特点如表5-6所示。

表 5 - 6　城市居民与乡镇居民健康状况比较

分类	户籍	均值	标准差	t 值	p 值
A901 我每天精力充沛	农村	3.55	1.041	2.290	0.023*
	城市	3.31	1.008		
A902 我经常睡不好	农村	2.75	1.166	−0.451	0.645
	城市	2.81	1.222		
A903 我知道最近的体育设施在哪里	农村	3.39	1.209	−2.321	0.021*
	城市	3.68	1.123		
健康状况	农村	3.26	0.663	−0.482	0.630
	城市	3.41	0.593		

　　关于城市居民与乡镇居民健康状况,在"我每天精力充沛"这个题目上,农村居民得分高于城市居民,且两者在 0.05 水平上差异显著。在"我经常睡不好"这个题目上,城市居民得分高于农村,但两者差异不显著。在"我知道最近的体育设施在哪里"这个题目上,城市居民高于农村居民,且两者在 0.05 水平上差异显著。健康状况均分农村高于城市,但两者差异在统计学水平上不显著。

　　农村居民的食品中许多是自己耕种的果蔬、粮食,相对而言,比城市更绿色健康。农村也没有那么多的高楼,车辆比城市少,耕地、树林比城市多,因此农村环境也相对城市较好。农村地区的居民更喜欢在家吃饭,而城市居民更喜欢在餐馆吃饭,这也会不同程度地影响他们的身体健康。在家里做饭更加干净、更加健康,而餐馆为了保证味道,经常是多油、多糖、多肉。农村居民虽然近年来"富贵病"也在增多,但是相对城市而言,"富贵病"的比例要小得多。有些偏远地区农村,由于经济水平落后,食物匮乏、食物营养不均衡导致营养缺乏症等,这些也会影响身体健康。城市就业竞争力大、工作节奏快,这也使城市比农村有更大的工作压力。多年来,由于工作繁多、工作压力大而造成的职业病数不胜数,甚至还会使人过劳死。从这些方面来说,农村居民相对于城市居民精力更充沛。

　　睡眠也是衡量健康状况的一个重要指标。在这个题目上,城市居民和农村居民得分都低于 3 分,表示城市和农村居民睡眠质量都较好。

　　相对农村而言,工作压力、食品安全、饮食习惯、环境污染更为严重,给城市居民的健康带来的负担更大。因此,城市人比农村人更加关注自己的身体健康。更加注重体育锻炼。城市有较充足的财力建设运动设施、体育馆,城市人比农村人进行体育锻炼更有硬件保障。除此之外,农村人从事的工作以农业和工业为主,本身就需要消耗大量的体力,农村人很少会在进行一天体力劳作之后再进行体育锻炼。城市人则不同,城市居民从事的多是以第二、第三产业为主,以服务业或脑力劳动为主。上班族们往往整天要对着电脑久坐,下班后经常会觉得腰酸背痛身体不适。他们需要适当的身体锻炼来调节一天的疲惫。因此,城市人更清楚自己家附近的体育设施在哪里,会经常外出锻炼身体。

现今,健康问题越来越引起人们的重视,过去人们那种"舍弃健康来换取财富"的观念越来越被质疑,甚至被否定。人们在追求经济利益的同时,也更加关注自己的身体健康。农村的经济结构、生活方式决定了农村人比城市人身体更加健康。但随着城市人对健康的重视,对体育运动、对饮食卫生的重视,城市人的身体健康水平也在提高。从我们的调查结果来看,农村人的健康均分比城市人高,但是两者差异在统计学意义上并不显著。

第三节　社会发展的比较

传统的乡村生活方式是几十年、上百年甚至是上千年积淀形成的,是对古老文化的传承。传统的村落中,许多同村的村民都属于一个氏族,都有同一个姓氏,这个村落中的大部分人都是亲属关系。他们经营传统产业,日出而作,日落而息,过着自给自足的生活。传统的农村中,村民交友、工作、生活的圈子也比较固定,他们的生活具有封闭性。

随着社会的发展,传统的农村生活方式也在悄然发生着变化。随着农村机械化生产的推进,粮食产量提高,农业工作效率提高,机械化生产代替了手工劳动,农村出现了大量剩余的劳动力。这些剩余劳动力为了赚更多的钱,带着对美好生活的憧憬来到城市,成为城市的农民工。大批的农民工进城,加快了城市的建设,给农民工自己也带来了丰厚的收入,

杭州钱江新城

这是城市化进程的必然结果,同时也给农村的生活方式带来了变化。农村大量农田闲置,农村青壮年劳力出门打工,年幼的孩子和老人留守农村。由于体力的限制,他们很少能自给自足。出门打工的家人,定期寄回生活费,供应祖孙生活。在城

市中工作的农民工来自全国五湖四海,他们生活、工作和交友的圈子也不再闭塞。城市中的农民工子弟,也就是"新生代农民工",他们随父母进城打工,受城市文化的影响,农村基本的风俗习惯、田间劳作、手工制作都在他们这一代中断线,传统文化面临文化传承的困境。城市化进程给农村带来了新希望也带来了许多困境。

城市是资源最集中的地方。城市具有现代化的特点,城市变化日新月异,它总是紧跟时代步伐,高楼、地铁、高架、机场等等拔地而起。大量的农民工进驻城市,留走于城市之间寻找最好的就业机会。城市具有开放性,对农村人开放,对外城市的人开放,对国外的人开放。城市具有专业分工的特点,各个行业都被细化,专业分工也提高了工作效率。随着社会的发展,城市除了变得更加现代化,流动速度更快,专业分工更细,更加开放之外,城市居民也在向往着农村,甚至回归农村。他们向往农村健康的生活方式,新鲜的空气。在社会发展的过程中,城市居民与乡镇居民在互动中相互吸引,相互影响。

一、城市居民与乡镇居民人际交往比较

具有氏族特点的农村居民,生活较为闭塞。可以想象他们在茶余饭后跟邻居跟亲戚聊家长里短。而城市中的居民,他们来自五湖四海,经过自己奋斗在城市安家,他们可能不知道楼上楼下甚至对门的邻居名字,更不用说跟他们闲话家常。同时,农村居民具有封闭性,他们可能跟当地本村的人很熟,但与外乡的、外地的人则不一定会经常交往。对于开放的城市而言,自己的朋友可能是网友,可能是同事,大家来自不同的家乡,为了共同的目标而奋斗着。城市居民与乡镇居民人际交往的特点鲜明,也体现了时代的变迁与社会的发展。经调研,城市居民与乡镇居民人际交往比较特点如表5-7所示。

表 5-7 城市居民与乡镇居民人际交往比较

分类	户籍	均值	标准差	t 值	p 值
A701 我知道邻居的名字	农村	3.61	1.236	4.526	0.000**
	城市	2.96	1.392		
A702 我家在当地有很多亲戚	农村	3.76	1.221	4.096	0.000**
	城市	3.16	1.419		
A704 有事找警察	农村	3.36	1.223	3.627	0.000**
	城市	2.9	1.187		

分类	户籍	均值	标准差	t 值	p 值
A705 我有三个以上好朋友	农村	4.49	0.669	0.754	0.451
	城市	4.43	0.793		
人际交往	农村	3.80	0.690	5.750	0.000**
	城市	3.36	0.735		

在城市居民与乡镇居民人际交往方面,在"我知道邻居的名字"这个题目上,农村居民得分高于城市居民,且两者在 0.01 水平上差异显著。在"我家在当地有很多亲戚"这个题目上,农村居民得分高于城市居民,且两者在 0.01 水平上差异显著。在"有事找警察"这个题目上,农村居民得分高于城市居民,但两者差异在统计学意义上不显著。在"我有三个以上好朋友"这个题目上,农村居民得分与城市相当。两者差异在统计学意义上不显著。在人际交往均分上,农村居民得分高于城市居民,两者在 0.01 水平上差异显著。

生活在农村中的农村居民,相互之间非常熟悉,许多人是亲戚或是邻居,自然而然知道彼此的名字,甚至于知道邻居祖孙三代的名字。不但是名字,任何邻居家的新鲜事都会被全村人共享,这也给闭塞的乡村增添了几分生机。村里有人办宴席,经常全村人都来帮忙,乡里乡亲非常热情。对于城市居民而言,最熟悉的莫过于自己的同事或朋友。城市中的人大部分来自全国各地,同事之间、朋友之间也许只知道彼此来自哪个地方和家里基本情况等基本信息,很少清楚地知道彼此的过去。他们之间更多聊的是对未来的期望,是各自的志趣。志同道合的人成为好友。即使是好友,由于对彼此都不是知根知底,彼此之间可能还会保留一份猜疑。在城里工作的人,面对喧闹的城市,繁华的街道,也常常会觉得寂寞。总而言之,小聚居的农村人会比大杂居的城市人更加知道自己邻居的名字,农村人会比城市人在当地有更多的亲友。不管是农村人还是城市人,他们都会保持有一定数量的好友。

随着我国加强农村文化建设,农村居民了解了更多的法律常识与法律法规,他们遇到纠纷不再是三五成群地用武力解决,而是求助于警察。农村警力的加强,也使得农村居民有事能够找到警察。警察在农村居民有纠纷时,能及时到场解决纠纷。

农村同村人之间有更加深刻的情感联结,闭塞的环境也使邻里间有更加频繁的交往。而城市里的人就像一个个行色匆匆的过客,城市人接触的人多,但是彼此之间感情不深,交往的频率也没有农村人高。因此,在人际交往方面,农村人比城市人的人际交往情况更好。

二、城市居民与乡镇居民消费水平比较

随着社会的发展,城市居民与乡镇居民的消费观念都比以前发生了许多变化。从消费方式上看,无论是农村居民还是城市居民,越来越多的人开始用网络购物、手机购物、刷卡购物代替现金消费和卖场消费。从消费内容上看,除了最基本的生活物资消费,越来越多的居民开始娱乐消费、奢侈品消费、旅游消费等更高层次的消费。这也说明了居民生活水平的提高。本次调研,城市居民与乡镇居民消费观念特点如表 5-8 所示。

表 5-8　城市居民与乡镇居民消费水平比较

分类	户籍	均值	标准差	t 值	p 值
A801 只要自己高兴,花些钱无所谓	农村	3.59	1.145	0.076	0.939
	城市	3.58	0.974		
A802 我经常网上购物	农村	3.45	1.253	1.894	0.060
	城市	3.19	1.238		
A803 买东西我最重视品牌	农村	3.19	1.091	2.689	0.007**
	城市	2.88	1.087		
消费观念	农村	3.409	0.762	2.396	0.017*
	城市	3.219	0.742		

在城市居民与乡镇居民消费观念比较方面,在"只要自己高兴,花些钱无所谓"这个题目上,城市居民与农村居民得分相当,两者在统计学意义上无显著差异。在"我经常网上购物"这个题目上,农村居民得分高于城市居民,但两者差异在统计学意义上不显著。在"买东西我最重视品牌"这个题目上,农村居民得分高于城市居民,且两者在 0.01 水平上差异显著。从消费观念均分上看,农村居民得分高于城市,且两者在 0.05 水平上差异显著。必须注意的是,从本调查问卷并不能得出农村居民在消费水平、消费品质、消费方式等方面一定高于城市居民,但是我们可以看到在城市化进程中,城市居民与乡镇居民消费观念的差异。

在传统的农村生活中,农村居民一年的辛勤劳作和汗水换来微薄的收入。他们除了把一小部分钱用作消费基本的生活用品外,大部分收入都攒起来以备不时之需。这种传统观念的形成不但是因为生产力落后,还因为生产方式的落后。农

村居民不愿意将为数不多的血汗钱消费买生活必需品以外的东西。随着社会的发展,农村产业结构的调整与机器化生产的推进,农村居民生活水平大幅度提高。农作物产量提高,农村居民的收入提高,农村居民的消费不单单停留在基本物资消费上,他们也开始注重生活的品质,更加注重自己的心理需求。因此,他们慢慢地认同城里人的一些思想"只要自己高兴,花些钱无所谓"。

随着互联网的发展,网络的普及,网络购物也逐渐兴起。网络、计算机在农村的普及,也使更多的农村居民可以足不出户就能买到大城市中才能买到的货物。网络购物对农村居民而言,更加方便、快捷。在过去,农村居民买大的家用电器、时尚的衣服、高科技产品可能要坐车到城市才能购买,现在,农村居民可以在网络上任意购买自己需要的货物。虽然有些农村地区使用网络仍然不方便,但是这丝毫不会影响他们网购的热情。许多农村地区的小商店也开始了网上代购的生意,只需要几元钱的手续费,就可以帮村民在网上购买他们需要的东西。这对于文化程度不高、不太会使用网络的农村居民来说,是一种便捷的购物选择。近两年,随着智能手机的普及,手机购物也越来越被年轻人接受。相对于电脑而言,手机更加方便携带,可以随时随地购物。且商家为了推广手机购物,在价格上,相同的物品同样的卖家,手机购物比电脑网上购物要便宜。因此,越来越多城市里的年轻人选择用手机购物。这也可能是本研究中农村居民网上购物多于城市居民网上购物的原因。当然,手机购物也必然要手机上网才能实现,居民大部分把网络购物理解为电脑网上购物,这也是导致本结果的一个原因。

农村生活相对城市而言比较闭塞,农村人的信息来源是电视、互联网、村民间的口口相传。因此,农村居民买东西就比较相信货物自身的口碑。那些经常在电视上广告上出现的货物比较容易被农村居民认可。家电类货物农村居民更倾向于买家电下乡类的产品,这类产品都有一定的补助,价格相对便宜。而这些享有家电下乡政策的家电一般都是大品牌的家电。也较容易得到农村居民的认可。城市具有开放性。城市中货物的品牌多种多样,有很多甚至是国外进口的货物,许多城市居民都叫不出名字。但是货物本身质量好,制作工艺好,又比较有新意,就比较容易被城市居民接受。城市居民相对于农村居民,更喜欢追求那些具有新意的舶来品。这可能也是农村居民比城市居民更重视品牌的原因。

这个调查问卷更多的是体现城市居民与乡镇居民间的消费观念而非真正意义上的消费水平。无论是从城市居民与乡镇居民收入来看,还是从城市居民与乡镇居民消费市场建设来看。城市居民无疑比农村居民有更多、更丰富的消费选择,且有更多的收入来享受消费。但是本研究的结果表明,农村的消费正在发生着巨大的变化,农村也在逐渐接受城市里传来的新鲜事物,也逐渐变得开放起来。消费对象也不仅仅是生活必需品,而更多地会根据自己的精神文化需求消费。

三、城市居民与乡镇居民社会发展比较

城市居民与乡镇居民社会发展可以以"衣食住行,生老病死,安居乐业"这12个字为指标。"衣"包含经济收入,"食"包含消费结构,"住"包含居住质量,"行"主要讲交通状况,"生"主要讲教育投入,"老"主要是社会保障,"病"主要是医疗卫生,"死"是指健康保障,"安"主要是公共安全,"乐"主要是人居环境,"乐"主要是文化休闲,"业"就是指就业。本研究选取这些指标中的一些典型问题来对比城市居民与乡镇居民社会发展的特点。城市居民与乡镇居民社会发展特点比较如表5-9所示。

表5-9 城市居民与乡镇居民社会发展比较

分类	户籍	均值	标准差	t 值	p 值
A131 我普通话讲得很好	农村	3.84	0.863	-0.546	0.586
	城市	3.99	2.919		
A132 我们这里看病很方便	农村	3.08	1.173	-4.079	0.000**
	城市	3.58	1.172		
A133 我家附近的小学操场有彩色跑道	农村	3.28	1.352	-1.951	0.052
	城市	3.56	1.350		
A134 从我家去图书馆很方便	农村	2.69	1.267	-3.765	0.000**
	城市	3.23	1.368		
A135 我们这里很关心照顾老人	农村	3.74	0.978	0.246	0.801
	城市	3.71	0.929		
社会发展	农村	3.33	0.68	-3.172	0.002**
	城市	3.61	0.86		

在城市居民与乡镇居民社会发展比较方面,在"我普通话讲得很好"这个题目上,城市居民得分高于农村,但两者之间差异在统计学意义上不显著。在"我们这里看病很方便"这个题目上,城市居民得分高于农村,且两者之间在0.01水平上差异显著。在"我家附近的小学操场有彩色跑道"这个题目上,城市居民得分高于农村,但两者之间差异在统计学意义上不显著。在"我家去图书馆很方便"这个题目上,城市居民得分高于农村,且两者在0.01水平上差异显著。在"我们这里很关心

老人"这个题目上,农村居民得分略高于城市居民,但两者差异在统计学意义上不显著。在社会发展均分上,城市居民得分高于农村居民,两者之间在 0.01 水平上差异显著。

普通话水平表示一个地区的文明程度。在本研究中,农村居民和城市居民在"我普通话讲得很好"这个题目上,得分都高于 3.5。城市居民得分比农村居民得分略高,这表示无论是城市居民还是农村居民,他们在讲话上都比较文明,城市居民与乡镇居民之间差异不大。杭州市属于国内发达的大城市,普通话自然也讲得不错。杭州周边的村镇中,学校教育一直强调学生要讲普通话。除此之外,随着杭州乡镇农业发展产业化、品牌化,吸引大量城市居民节假日来农村享受农家乐。农村居民更多地跟城市居民打交道,普通话水平也大大提高。

在医疗卫生方面,杭州市区比杭州农村显示出很大的优势。浙江省和杭州市的大医院,都在杭州市区。杭州周边农村的医院多为乡镇卫生所等小医院。医疗设施、医生整体素养都不如杭州的大医院。随着城市居民与乡镇居民生活水平提高,买私家车的人越来越多,杭州农村居民到杭州市区就医也方便起来。从整体上看,杭州城市和农村就医都比较方便,城市就医便捷性高于农村。

彩色塑胶跑道价格昂贵,学校在保证其他教学基本设施齐全之后,才会建彩色跑道。本研究中,城市居民与乡镇居民在回答此问题时,得分都在 3 分以上,说明杭州无论城市还是农村,学校硬件设施都达到了比较高的标准。杭州城市居民得分之所以高于农村居民,一方面是由于农村学校比城市少,另一方面,农村学校的硬件没有城市学校好。但是,从该题目上看。农村居民和城市居民得分差异在统计学意义上并不显著。这说明,农村的经济水平提高了,政府加大了对农村学校的建设投资,农村学校建设越来越好,与城市学校的差距也在逐渐缩小。

一个地区是否有图书馆,图书馆有几个,图书馆藏书量多少,都可以反映出这个地区居民的文化修养。杭州城市居民利用图书馆的便捷性显然比杭州农村居民利用图书馆的便捷性要高。城市是高等教育的聚集地,城市有几座图书馆也不稀奇。相对而言,农村虽然生活水平提高了,文明程度也有了一定水平的提高,但是文化设施仍有很大的提升空间。如何加强农村精神文明建设,如何提高农村居民的文化水平,如何在农村传播终身学习的理念,仍然需要做很多的工作。

自从出现了"大学生扶摔倒老人被讹诈"事件之后,许多地方的人见到老人摔倒都不敢出手相救。但是在我们的研究中,农村居民和城市居民在"关心老人"题目上,分数都高于 3.5 以上,这说明杭州地区年轻人仍然比较关心老人,而老人的素质也较高,很少会以怨报德、讹诈帮助自己的人。杭州居民的整体素质都比较高。

从社会发展均分上看,杭州地区城市发展显著高于农村地区发展。近些年来,随着大批农民工进驻杭城,杭州的城市化建设日新月异,服务业、旅游业尤其是近年来新兴的文创业带动了杭州的经济发展,带来了大量的就业岗位,推动了城市快速发展。城市发展的同时,也在反哺农村。杭州周边农村的农家乐最受杭州城市居民的喜爱。在节假日,避开城市的喧闹,到农村喝茶钓鱼种菜,是一种莫大的享受。城市化带农村人到城市就业,推动城市发展,城市又反哺农村,到农村消费。这是一个很好的良性循环。给杭州带来了巨大的发展动力。

第四节　城乡印象的比较

我们通过问卷调查来考察农村人眼中的农村和城市,以及城市人眼中的农村和城市,研究结果显示出一些很有趣的现象。比如,农村人在向往城市生活的同时,更喜欢农村生活。而城市人在向往农村生活的同时,更喜欢城市生活。在我们的研究中,城市居民和农村居民所表现出的积极的生活态度也让我们感动。

一、城市居民与乡镇居民乡村印象比较

我们从城市居民与乡镇居民物质生活比较、城市居民与乡镇居民环境比较、城市居民与乡镇居民人际交往比较几个方面,来考察农村居民和城市居民对乡村的印象。城市居民与乡镇居民印象比较如表 5-10 所示。

表 5-10　城市居民与乡镇居民乡村印象比较

分类	户籍	均值	标准差	t 值	p 值
A111 我喜欢乡村生活	农村	3.9	1.209	5.148	0.000**
	城市	3.31	1.123		
A112 城里人比乡下人日子好过	农村	2.92	0.971	-2.568	0.011*
	城市	3.2	1.079		
A113 每天清晨我都能听见小鸟在窗外鸣叫	农村	3.39	1.270	0.800	0.424
	城市	3.28	1.336		
A114 同乡村人打交道比城市人容易	农村	3.72	1.065	3.390	0.001**
	城市	3.36	0.999		

分类	户籍	均值	标准差	t 值	p 值
乡村印象	农村	3.48	0.672	2.778	0.006**
	城市	3.29	0.663		

在城市居民与乡镇居民乡村印象方面,在"我喜欢乡村生活"这个题目上,农村居民得分高于城市居民,且两者在 0.01 水平上差异显著。在"城里人比乡下人日子好过"这个题目上,城市居民得分高于农村居民,且两者在 0.05 水平上差异显著。在"每天清晨我都能听见小鸟在窗外鸣叫"这个题目上,城市居民得分与农村居民相当,两者差异在统计学意义上不显著。在"同乡村人打交道比城市人容易"这个题目上,农村居民得分高于城市居民,两者在 0.01 水平上差异显著。乡村印象均分农村居民高于城市居民,两者在 0.01 水平上差异显著。

在我们的研究中,城市居民和农村居民都表示非常喜欢乡村生活。两者在该题目上的得分都高于 3 分。研究结果表明,农村居民比城市居民更喜欢乡村生活。这也体现了乡村人的一种生活态度。虽然乡村居民向往城市,虽然农村居民希望能在城市赚更多的钱。但是,乡村生活空气新鲜,自给自足,人与人之间关系比城里好,工作压力没有那么大。乡村人习惯且满足于这样的生活。即使迫于现实压力,要进城打工,但他们仍然是喜欢在乡村生活。与此同时,城里人比乡下人更加习惯城市生活。他们觉得"城里人比乡下人日子好过"。城里资源集中,逛街购物,娱乐设施,图书馆,体育馆一应俱全,看病上学都有最好的资源,交通便利。即使是工作压力大,交通拥堵,雾霾严重,城里人还是习惯并喜欢在城里生活。城里人认同他们在城里的生活,农村人认同他们在乡村的生活,这都体现了他们乐观积极的生活态度。

杭州是旅游名城,无论在杭州城市还是乡村,绿化都非常好。因此可以时常听见鸟叫。杭州西湖著名的"柳浪闻莺"就是鸟儿的天堂。在这个题目上,杭州城市居民与乡镇居民无显著性的差异。

从前面的城市居民与乡镇居民人际交往特点比较,我们就能看出,农村人比城里人有更好的人际交往现状。同村人之间大家都彼此认识,甚至大部分人都是自家亲戚,一家有事,往往全村人都会帮忙。农村人也认为"同乡村人打交道比城里人容易"。大部分城市人也认同这样的说法(城市人在该题目上打分高于 3 分)。乡村人比城市人更加淳朴,待人更加热情。

在乡村印象均分上,农村居民得分显著高于城市居民。说明农村人比城市人对乡村印象更好,更喜欢乡村生活。农村人喜欢乡村生活,而城里人觉得城里日子比农村好过。

二、城市居民与乡镇居民城市印象比较

城市居民与乡镇居民对乡村的印象有很大的差异,表现为乡村人比城市人更喜欢乡村生活。但是,在城市居民与乡镇居民对城市印象上,两个群体的差异并不是非常显著。城市居民与乡镇居民城市印象比较的结果如图5-11所示。

表5-11　城市居民与乡镇居民城市印象比较

分类	户籍	均值	标准差	t 值	p 值
A121 城市里机会很多	农村	3.50	1.016	−0.756	0.451
	城市	3.59	1.017		
A122 在城市里生活压力大	农村	3.60	1.047	−0.623	0.534
	城市	3.67	0.995		
A123 我经常为堵车、停车难而头痛	农村	3.65	1.183	0.645	0.520
	城市	3.57	1.206		
城市印象	农村	3.59	0.699	−0.250	0.83
	城市	3.61	0.678		

在城市居民与乡镇居民城市印象比较方面,在"城市里机会很多"这个题目上,城市居民得分略高于农村居民,但两者差异在统计学意义上不显著。在"城市里生活压力大"这个题目上,城市居民比农村居民得分略高,但两者差异在统计学意义上不显著。在"我经常为堵车,停车难而头痛"这个题目上,农村居民得分略高于城市居民,但两者差异在统计学意义上不显著。关于城市印象均分,城市居民得分高于农村居民,但两者差异在统计学意义上不显著。

无论对于农村居民还是城市居民而言,他们都觉得城市机会多,生活压力大,且交通拥堵,经常会堵车,停车难。这些都是农村和城市居民的共识。

第五节　生活满意度的比较

在城市化进程中,城市居民和农村居民的生活习惯、生产方式都在发生着变化,这些变化给个人带来了更多的财富和更好的生活,同时也带来了更大的生活压

力和更高的生活成本。那么,城市居民与乡镇居民对生活的满意度如何呢? 他们是否接纳现在的生活呢? 我们用生活满意度问卷来测量现阶段城市居民与乡镇居民的生活满意度。城市居民与乡镇居民生活满意度如表 5－12 所示。

表 5－12　城市居民与乡镇居民生活满意度比较

分类	户籍	均值	标准差	t 值	p 值
A101 总的来说我的生活和我想要的很接近	农村	3.04	1.069	−1.198	0.232
	城市	3.18	1.062		
A102 我的生活状况非常好	农村	3.29	0.967	−1.084	0.279
	城市	3.40	1.035		
A103 我对我的生活感到满意	农村	3.39	0.950	−0.421	0.674
	城市	3.49	2.436		
A104 我已经得到了我在生活中想要得到的	农村	3.14	1.060	0.025	0.980
	城市	3.14	1.108		
A105 即使生活可以重来,我也没有什么想要改变的	农村	2.85	1.219	1.041	0.298
	城市	2.72	1.181		
生活满意度均分	农村	3.143	0.816	−0.424	0.672
	城市	3.186	0.994		

在城市居民与乡镇居民生活满意度方面,在“总的来说我的生活和我想要的很接近”这个题目上,城市居民和农村居民得分都在 3 分以上,城市居民得分高于农村居民,但两者之间差异在统计学意义上不显著。在“我的生活状况非常好”这个题目上,城市居民和农村居民得分都在 3 分以上,城市居民得分高于农村居民,但两者之间差异在统计学意义上不显著。在“我对生活感到满意”这个题目上,城市居民和农村居民得分都在 3 分以上,城市居民得分高于农村居民,但两者之间差异在统计学意义上不显著。在“我已经得到我在生活中想要得到的”这个题目上,城市居民和农村居民得分都在 3 分以上,农村居民与城市居民得分完全相同。在“即使生活可以重来,我也没什么想要改变的”这个题目上,农村居民得分高于城市居民,但两者之间差异在统计学意义上不显著。在生活满意度均分上,城市居民和农村居民得分都在 3 分以上,城市居民略高于农村居民,但两者之间差异在统计学意义上不显著。

无论农村居民还是城市居民,他们在生活满意度分量表及量表均分上,除了

"即使生活可以重来,我也没有什么想要改变的"这个题目,其他部分居民得分都在 3 分以上,这表示城市居民与乡镇居民生活满意度比较高,他们对目前的生活都比较满意。农村居民在与城市互动中,改变了生产方式,提高了从事农业劳动的收入。农民工进城后,在城市拿到的工资也比在农村务农高很多,也大大提高了他们的生活水平。对于城市居民而言,农民工进城

杭州萧山区闻堰镇黄山村农村妇女在娱乐

加快了城市化建设的步伐,他们也在享受农民工用汗水搭建的各种基础设施。节假日回归农村,享受农家乐,也给城市居民的生活增添了许多的生活乐趣。城市化对农村和城市居民来说都是双赢的过程。虽然这个过程会带来一些环境污染和交通拥堵等问题,但是我们仍然要积极地看待这些城市化的影响。城市化是利大于弊、真正给人们带来更好生活的过程。

第六章　城市生活对乡村生活的引动

所谓城市生活与乡村生活,实际讲的是城市与乡村两种生活方式。

生活方式的概念有广义和狭义之分。广义的生活方式概念也是哲学的概念,即生活方式是个人或群体在一定的社会条件制约和价值观念指导下,所形成的满足自身生活需要的活动形式与行为特征的体系。狭义的生活方式概念,指日常生活中人的活动形式与行为特征。本书是在广义和狭义双重意义上使用生活方式的概念,来讨论城市生活对乡村生活的引动。

第一节　生活方式的引动

生活方式是受生产方式决定的,随着生产方式的发展而发展的。

在人类社会早期,生产方式以农业、牧业、狩猎和渔业为主;生产单位一般以家庭为主。出于安全和互助,多个家庭住在一起,逐渐形成氏族、部落,进而发展出阶级和国家。在原始社会、奴隶社会和封建社会,生产力水平低下,以分散的农业为主的生产方式,决定了大多数人生活在乡村,形成了具有农业特点的乡村生活方式。

乡村生活方式具有传统的特点。乡村生活方式是几十年、上百年甚至上千年积淀形成的,是从祖辈上传下来的,是长期的生活习惯,是古老的文化传承。在中国许多地方的乡村,有自己独特的风俗和习惯。比如,过去杭州有一种风俗叫作"生面条,叫爹妈"。就是新娘出嫁到了婆家之后,新娘的第一

杭州西湖区茶园

顿饭往往是面条,婆家嫂子将一碗半生不熟的面条端到新房中,在众人面前让新娘吃面条,并大声地问:"生不生啊?"当新娘羞答答地说出"生"时,大家皆大欢喜。因为"生"预示着新娘要给婆家生孩子,传宗接代。当新娘说出"生"后,公公婆婆要送红包给新媳妇。这时,新娘就要改口叫爸妈了。而且要给公婆每人奉上一杯茶,表示从今后你们就是我的父母,我要像女儿一样孝敬二老,并举杯过头顶,嘴里还要叫:"爸妈请喝茶。"公婆把茶一喝,说明公婆已接受了新媳妇了。喝茶在杭州与百姓的日常生活习俗联系在一起,龙井茶的品质也随着采摘的时间不同被赋予了不同的名称。每年第一季茶叫黄毛丫头茶,采于清明前;第二季采于清明时,叫作姑娘茶;谷雨时叫作女儿茶;之后叫媳妇茶,嫂子茶,婆婆茶,越老越不值钱。俗话说,龙井茶早采一天是个宝,晚采一天是根草。如今,"生面条,叫爹妈"的习俗,在杭州城市里已经看不到了,但是在杭州农村有时还能见到。而"姑娘茶"、"女儿茶"的说法,至今还能在杭州龙井、梅家坞一带的茶农口中时常听到。

乡村生活方式具有氏族的特点。中国的许多乡村,村民之间互相熟悉,往往有血缘纽带联系。常常可以见到,在一个村子,存在一个或几个大姓家族,有的还有宗族祠堂。比如,杭州市区和近郊的蒋村、杨家棣、沈家桥、余家圩、潘家里、韩家坝、罗家田畈等地名,就反映了这个特点。

杭州近郊以姓氏命名的地名

乡村生活方式具有自给自足的特点。中国有句老话,叫作"民以食为天"。天下之事,吃饭为大。只要解决了吃饭问题,其他事情就好办了。在乡村里,几乎可以生产人们所需要的一切食品。粮食、蔬菜、瓜果、肉食、蛋品,农民都可以自己生产,自种自食。而且,农民还可以种棉花、养蚕,穿衣问题也可以自己解决。房屋可以自己建造,建筑材料皆可取自身边的田地和山林。所以,中国古代的农村经济是自给自足的,不需要同外界的交流和联系。目前,时代前进了,现在的中国农村早已不是古代的那种小农经济了。但是同城市相比,至少在吃的方面,比城市更有条件做到自给自足。

　　乡村生活方式具有封闭的特点。乡村一般远离城镇,村与村之间往往也相隔十几里或几十里,人们相互交往的范围较小。特别在一些交通不便的偏僻地区,人们的交往范围往往局限在自己的村子。封闭的生活,虽然人比较淳朴,但也往往造成居民视野狭窄,生活容易满足。

　　人类社会发展到了资本主义社会,工业逐渐成为社会生产方式的主体,工业生产要求分工协作,在不断提高生产率的推动下,逐渐出现手工业作坊、工厂、公司。规模化、集中化的工业生产方式,促使原料提供者、零部件提供者、生产者、销售贸易者集中生活在一个地区,促进了城市的出现和发展。进入现代以来,随着服务业的迅速发展,促使人口快速向城市流动,越来越多的人口生活在城市里。大量的人口集中在城市工作和生活,形成了具有工业和服务业特点的城市生活方式。

杭州文二西路

　　城市生活方式具有现代的特点。城市的生产方式以工业和服务业为主,工业和服务业的发展聚集了大量的人口,从四面八方吸引了各类人才涌向城市。工业和服务业要想在社会生存和发展,就要不断创新、不断提高自己的产品性能和服务质量,产业创新的内在要求使城市生活方式追求新颖和时髦,关注时尚和新品。这就构成了城市现代性的品格,所谓现代性,就是不断求新求异的品格。城市的生产方式决定了城市的生活方式的现代性。时髦的穿着打扮、前卫的建筑风格、新潮的语句,都发源于城市,特别是大城市。

　　城市生活方式具有流动的特点。农民靠土地生活,土地是他们最重要的生产和生活资料,因此,许多农民不敢或者舍不得离开自己的土地到外面去闯生活。土地像一把无形的锁链,把许多农民拴在了家乡。市民没有自己的土地,他们靠自己的专业技术、体力、智力,用劳动取得收入。由于没有土地的羁绊,他们往往人往高处走,选择环境更好、能够获得更高报酬的城市去工作,甚至到海外去谋求发展。城市居民的不断流入和流出,使城市生活充满了活力。

　　城市生活方式具有专业分工的特点。城市聚集了大量的人口,各行各业竞争十分激烈。要想在竞争中取胜,就要把自己的产品或服务做得更好,这就促进了专业分工的发展,高度细化的专业分工,提高了产品和服务的质量。就拿吃饭来说,城市里的餐馆,有中餐馆、西餐馆、快餐店、小吃店,中餐馆中又分杭帮菜、粤菜、川菜、东北菜等等,人们可以有丰富的选择。只有在城市,才有人力、物力和市场的条件,实现和发展专业分工。

杭州街头的雕塑

城市生活方式具有开放的特点。城市交通方便,传媒发达,信息充沛,城市人随时可以了解国内外的最新动态,这就为城市人学习和使用最新的东西提供了条件。时髦、潮流、流行是属于城市生活的,来往的人群、进出的货物、新颖的观念,是城市的标志。城市必须开放,不能封闭,越是开放的城市越有活力。

和乡村生活方式相比,城市生活方式更加舒适、方便和刺激,吸引越来越多的人放弃乡村生活方式,转向城市生活方式。

第二节　社会发展的引动

人是社会性动物,人的生存和发展离不开社会,每个人都生活在一定的社会之中。然而,在同一时代,不同的地区,受条件限制,有不同的生产、生活水平,也有不同的社会发展水平。

国家统计局自1991年起在全国开展地区间社会发展水平综合评价工作,通过对环境、人口、经济基础、居民生活、劳动就业、社会保障、卫生保健、教育科技、文化体育、社会治安等领域和存量、质量、结构、变动度四个方面各种统计资料的多级综合,统一为一个总指数,综合评估一个地区的社会发展状况。

杭州钱江新城

为了促进经济社会协调发展,沈阳、大连、长春、哈尔滨、南京、杭州、宁波、厦门、济南、青岛、武汉、广州、深圳、成都、西安等 15 个副省级城市于 2006 年自发建立了城市间社会发展水平综合评价机制。参照国家发展改革委和国家统计局联合修订的《社会发展水平综合评价方案》,15 个城市对原有的《副省级城市社会发展水平综合评价指标体系》进行了修订和完善。15 个副省级城市社会发展水平的评价主要基于对社会发展总指数进行测算和分析。社会发展总指数由人口发展、生活水平、公共服务、社会和谐 4 个领域指数组成。

限于条件,我们无法对杭州城市和乡村的社会发展水平进行系统地调查和比较。但是,我们可以参考社会发展总指数,进行一些定性的分析和比较,从中能够清楚地看到城乡在社会发展上的差距,感受到城市对乡村的巨大引动作用。

人口发展领域的评价基础是人口发展指数,由人口自然增长率、0—4 岁人口性别比、平均期望寿命、城镇人口所占比重、平均受教育年限、第三产业从业人员的比重 6 个指标组成。在这 6 个指标中,城市户籍的人口自然增长率通常低于乡村,在我国目前的计划生育政策条件下,较低的人口自然增长率具有正面的指标意义。城市与乡村相比,重男轻女的意识较淡漠,幼儿性别比较平衡。至于城镇人口所占比重,城市在这方面是绝对优势。平均受教育年限,城市通常高于乡村。城市几乎没有第一产业,产业结构由第二、第三产业构成,第三产业从业人员的比重自然远高于乡村。综合人口发展领域的情况,城市的发展水平大大高于乡村。

生活水平领域的评价基础是生活水平指数,包括恩格尔系数、城镇居民家庭人均可支配收入、农村居民家庭人均纯收入、城市人均住房使用面积、农村人均住房面积、每百户居民家庭拥有的电脑数、农村饮用自来水人口占农村总人口的比重、人均生活用电量等 8 个指标。在这 8 个指标中,恩格尔系数即食品支出总额占个人消费支出总额的比重越低越好,一个家庭或个人收入越少,用于购买生存性的食物的支出在家庭或个人收入中所占的比重就越大。恩格尔系数与家庭收入是相联系的。2013 年杭州市城镇居民家庭人均总收入为 43868 元,与上年同口径(以下同)相比增长 9.4%;人均可支配收入 39310 元,增长 10.1%,扣除物价上涨因素实际增长 7.4%。2013 年杭州市农村居民人均纯收入为 18923 元,比上年增长 11.2%,扣除物价上涨因素实际增长 8.5%。[①]

我们可以看到,恩格尔系数、城镇居民家庭人均可支配收入、农村居民家庭人均纯收入这 3 项指标,城市优于乡村。城市人均住房使用面积、农村人均住房面积这 2 项指标,由于城市和农村是不同的住房体系,不具有可比性,不做比较。每百

---

① http://hangzhou.zjol.com.cn/system/2014/01/26/019832995.shtml

户居民家庭拥有的电脑数、农村饮用自来水人口占农村总人口的比重、人均生活用电量这 3 项指标,城市远高于农村。综合生活水平领域的情况,城市的发展水平大大高于乡村。

公共服务领域的评价基础是公共服务指数,由 5 岁以下儿童死亡率、传染病发病率、孕产妇死亡率、初中毕业生升学率、每百万人口拥有公共文化设施数、基本社会保险覆盖率、每百万人拥有收养性社会福利单位的床位数、教育卫生文化支出占财政支出的比重 8 个指标组成。在这 8 个指标中,5 岁以下儿童死亡率、传染病发病率、孕产妇死亡率反映了当地医疗卫生设施和服务水平,在我国目前城市特别是大城市的医疗卫生设施和服务要大大好于乡村,乡村发生危重和疑难病人,都要前往城市求医。初中毕业生升学率、每百万人口拥有公共文化设施数、基本社会保险覆盖率、每百万人拥有收养性社会福利单位的床位数、教育卫生文化支出占财政支出的比重这几个指标,城市都显著优于乡村。综合公共服务领域的情况,城市的发展水平大大高于乡村。

社会和谐领域的评价基础是社会和谐指数,由城镇登记失业率、交通、火灾死亡人口比率、每万人口刑事案件立案数、城镇居民人均可支配收入最高最低收入户差异倍数、城乡人均收入之比、城市居民消费价格指数 6 个指标构成。这几个指标,由于城乡之间不好比较,不做评价。

从上述社会发展四个领域的分析和比较来看,至少在人口发展、生活水平、公共服务三个领域,城市的发展水平大大高于乡村。较高的发展水平代表了较高的生活质量。为了追求更好的生活,城市更高的社会发展水平引动人们离开农村,来到城市;并促进农村向城市学习,提高农村的社会发展水平。

第三节　价值文化的引动

生活方式也是一种价值和文化。生活方式一般指人们的物质消费方式、精神生活方式以及休闲方式等内容。它能够反映一个人的态度、情趣、爱好和价值取向、具有鲜明的时代性和民族性。

中国的乡村,保存了较多的中国传统的价值和文化。生活在乡村,大家都是熟人,乡里乡亲,彼此了解,大家都以自己本来的面目在生活。人们没有需要,也没有必要把自己从众人中突出来。这种情况,在今日的乡村中依然如此。

在城市中,人群熙熙攘攘,一个人很容易淹没在人群的洪流之中。在城市里,默默无闻往往意味着碌碌无为、普普通通。然而,城市里信息灵通,消息传播迅速,人们很容易知道世界上的新鲜事。为了更好地生活，受到人们的关注，城市人更加重视自我，努力展示个性。我们可以看到，文艺、体育明星为了吸引人们的眼球，穿着暴露性感，打扮出位，甚至故意制造一些花边消息。学界名流为了出名，故意剑走偏锋，语出惊人，制造轰动效应。甚至儿童也以装扮奇异、装萌卖傻为荣。这是一种现代的城市文化，一种努力突出自我、显示个性的文化。

无论在城市还是乡村，人们都很关注自己的生活品质，希望提高自己的生活品质。然而在乡村，受基础设施限制，生活品质的提升空间有限。特别是在文化生活、社会交往、交通购物等方面，与城市相距甚远。但是在城市里，提升自己生活品质的空间是很大的。不管是衣食住行，还是娱乐休闲，都可以精益求精，不断向高端发展。我们可以看到，在乡村里，人们根本不会注意你穿什么牌子的衣服，所以名牌服饰在乡村就没有市场。而在城市里，身着名牌，可以显示一个人的经济实力和品味，所以各种品牌的服饰店林立。乡村人买汽车，注重的是使用和结实。城市人买汽车，不但注重性能，还注重面子和身份。这也是一种现代的城市文化，一种重视生活品质、看重生活形象的文化。

在现代社会，随着科学技术的迅速发展，新技术、新产品层出不穷。厂商为了追求利润、占领市场，不断推出新产品，用更高的性能、更好的质量争夺市场。就拿手机来说，现在的人换手机，很少有人是因为用坏了才换，大多数人是为了追求更好的性能、更美观的样式更换手机。苹果公司每年都要推出一款新手机，只有不断出新，

杭州的奢侈品商店

才能抓住消费者，才能保住自己的市场。这种风气影响到了城市的文化和生活。城市人，特别是城市里的年轻人，热衷追求新异，从发型、衣服、背包，到谈吐、饮食、娱乐，流行什么，就追求什么。这种风气，催生了一个新词"潮人"，意即赶时髦的人，新潮的人。这也是一种现代的城市文化，一种追求新异、不愿落后的文化。

在现代社会，特别是在城市里，充满了竞争和压力。人们为了获得更好的工作和生活，需要不断提高自己和充实自己。我们可以看到，在城市里，各种学习班、训练班比比皆是。就连中学生，如果在考上大学之前，没有上过任何补习班或提高班，都会成为奇迹。现在几乎找不到任何一个不参加课外学习班的小学生。许多老人，退休之后，纷纷报名参加老年大学，以至于现在的老年大学人满为患。这也

是一种现代的城市文化,一种重视学习、不断提高自己的文化。

城市的价值文化与乡村的价值文化,既有共同性,也有差异性。城市价值文化与乡村价值文化的差异,其实是生产方式的差异,是生活方式的差异,是发展水平的差异。这两种价值文化,不能简单化地说哪个优劣,凡是存在的,都是合理的。但是,我们也要看到,时代在发展,社会在进步,历史的潮流是城市化,城市的价值文化更加适应现代化的生活。正因为如此,城市担当了我们这个世界的生活方式、社会发展和价值文化的引领者。

第七章　乡村生活对城市生活的回应

马克思曾提出,随着社会的发展,将会逐渐消除工业和农业的差别、城市和乡村的差别、脑力劳动和体力劳动的差别。这就是所谓三大差别。

城乡差别,目前最显著的是收入的差别。据国家统计局相关数据显示,2012年我国城镇居民可支配收入是 24565 元,农村居民的人均纯收入是 7917 元,相比1978 年,分别增长了 71.5 倍和 59.3 倍。2012 年我国城乡居民收入差距的绝对值达 16648 元,比 1978 年的 209.8 元增长了 79 倍多。城乡居民收入差距的相对值为 3.1∶1,较 1978 年的 2.57∶1 扩大了 1/5 以上,如考虑城镇居民的实物性补贴等因素,城乡居民收入差距会更大。[①]

中国是一个幅员辽阔的大国,地区之间的发展很不平衡。我国发达地区的城乡收入差异正在逐渐缩小。以杭州为例,根据对城乡居民家庭抽样调查资料显示,2012 年杭州市市区城镇居民年人均可支配收入和农村居民年人均纯收入分别达到 37511 元和 17017 元,同比分别增长 10.1% 和 11.6%。扣除物价上涨因素,城镇居民人均可支配收入实际增长 7.4%,农村居民人均纯收入实际增长 8.9%。农村居民收入的名义增幅和实际增幅均比城镇居民高 1.5 个百分点。由此带来农村居民与城镇居民的收入差距继 2010 年的 1∶2.28 下降到 2011 年的 1∶2.23 之后,再次缩小至 2012 年的 1∶2.20。2012 年,杭州市区城镇居民人均可支配收入和农村居民人均纯收入继续保持两位数增长,且农村居民收入增幅大于城镇居民,城乡居民收入差距继续缩小。[②]

杭州的发展表明,一个地区的经济和社会发展,往往在起步时需要城市对乡村的引动,而发展到了一定阶段后,乡村又表现出某种后发优势,回应城市的引动。城乡发展相互促进,共同创造新时代的生活方式。

---

①　景跃军,李雪.我国城乡居民收入区域差异分析与对策.经济与管理.2014,(2).

②　http://www.hzstats.gov.cn/web/ShowNews.aspx? id＝mevAOF5jQrU＝.

第一节　生活方式的回应

　　2014年6月初，笔者乘坐2192次列车从杭州回老家河南。16个小时的车程枯燥无味，于是我便同邻座的一位大哥攀谈了起来。这位大哥姓李，也是河南人，他兴致勃勃地向我讲述了他所从事并热爱的行业——农业电子产品开发及营销。多年来，他一直奔走于全国各地推销各种农业电子产品，然而他去的最多的地方就是杭州。"将电子信息技术应用在农业领域是个新鲜事物。杭州是个敢于尝鲜的城市，无论是在杭州市区还是在农村，利用互联网技术生产、宣传、销售农产品，已屡见不鲜。杭州农村的发展及农业的发展也给全国农村的发展提供了一种新的思路……"伴随着火车的轰鸣声，李大哥将他在杭州的见闻一一道来。

　　"杭州农业发展逐渐走向高科技化"，李大哥说道。他此次来杭州是为了考察位于杭州余杭区的未来科创园(海创园)中的一家农业物联网技术公司。该公司利用云计算机技术、无线通讯技术、传感器网络、RFID技术、视频图像技术等，将物联网技术应用到农业生产和农业科研中。我好奇地问"什么是物联网？"他笑了笑说："简单地说，就是任何农产品，从生产阶段到销售阶段直至消费阶段，都可以从网上查出该产品的信息。同时也会给农户提供农业资讯、政府政策导向、水利气象、灾害预警、网络交易、专家在线答疑等。农民在买农作物种子、牲畜幼崽时，也可以清晰地查到货源信息。更加便捷、更加放心。"我若有所思地说："消费者买农产品的时候应该也能查到这些信息吧，这样一来，消费者也会更加放心的。"

　　"对，你说的没错，这是农业发展的趋势。杭州的农业发展正在由传统农业过渡到产业化品牌化农业建设，现在又有了新的发展方向。利用现代的科技，现在逐渐走向农业精准化。比如说，现代农业技术培育下的鲜花，就能够做到让它哪一天开花它就开花在哪一天，绝对不会出错！"李大哥自豪地说。"真的么？太神奇了，这怎么能办到呢？"我心里对这位大哥的说法还是将信将疑。李大哥看出了我的疑惑，他接着说："目前国内已经开发出一套适合监

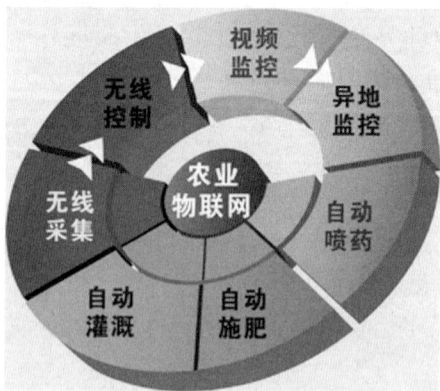

农业物联网

督农作物生长、畜牧养殖的高科技产品。通过在大棚中设置空气、水、矿物质等元素的监控,利用计算机技术自动设置补充农作物生长所需营养的合理值,一旦空气或土壤中的这些成分低于标准,设备就会自动增加这些营养物质,以保障农作物的生长。也可以在手机上下载客户端,实行手机监测,这样的话,农民即使不在大棚中,也能实施远程操控了……"

杭州萧山的物联网农业

李大哥的话让我思绪万千,现代化农业已经在杭州生根发芽。将农业物联网技术应用到农业生产和农业科研中,是现代农业依托信息技术应用的一大进步,改变了陈旧的农业经营管理模式。农民从事农业生产,利用物联网所采集的数据准确分析确保农产品生产的质量和产量。农民利用物联网,通过对农产品市场供求关系的分析与预警,可以提供精确的农作物生产情况。利用物联网,还能为农产品质量安全追溯管理提供"源"数据,农产品安全有了很大的保障。此外,利用物联网,有关农产品的宣传、管理和运营也大大方便了。农业现代化的发展将会大大颠覆农民的生活和生产方式。

在人们通常的印象中,农村到处都是田地或山林,农业就是种庄稼或养禽畜,或者是捕鱼、采摘等等。总之,农业即第一产业除了种植业就是养殖业,农民就是从事种植业或者养殖业的农村人。然而在当今的杭州农村,许多农村人仍然继续从事种植业和养殖业,但是更多的农村人,从事的是加工业、制造业和服务业,劳作在第二产业和第三产业了。他们虽然身在农村,户籍还是农民,但是他们只是户籍意义上的农民,是不从事农业生产的农民,是农民身份的工人了。他们也是农民工,是工作在农村的农民工。

2013年,杭州全面开展新一年农民素质教育工作,杭州市余杭区是该项目工程的试点区。余杭区农教总站通过各个培训基地广泛征求培训内容及意见，并深入基层了解农民的想法和培训意愿。据调查，随着高科技的迅猛发展，传统机械制造行业中的车床操作等正在逐步自动化，余杭街道的车工人数日益减少。如果按照以往思路继续开展车工等培训，很可能达不到理想的培训效果。而余杭的电子仪器仪表行业正在高速发展，开展如电子仪器仪表装配工等相关培训，必定将受到企业、农民的欢迎。于是，他们根据农民的需要调整了培训内容。2013年杭州共培训农民25790人，培训技能涵盖中式面点师、服装加工、电工、电焊工、电子计算机应用等行业，培训内容丰富多样且受企业和农民欢迎。此外，培训项目还有农业园区负责人素质提升培训、茶业竹业等余杭特色产业培训，更有五常十八般武艺、竹制工艺品加工技术等文化创意项目培训。

　　杭州农村的加工业、制造业的迅速发展，与地处杭州市区附近有密切关系。城市为农村提供了市场和信息，引动了乡村的发展。而乡村也积极回应了城市的引动，不断缩小与城市的发展差距。

　　许多第一次到浙江的人，看到公路、铁路旁边一座座的小楼房，会发出这样赞叹："这么多漂亮的别墅，浙江的有钱人真多啊！"当旁边有人告诉他们，这些小楼不是什

早先的杭州萧山公路旁的农居

么有钱人的别墅，是普通的农民房时，他们脸上往往会显露出吃惊的样子。他们压根不会想到，这里的农民会住在这么漂亮的房子里。

现在的杭州萧山瓜沥农居

但是，这些外观漂亮的农家小楼里，早些年里面的生活还是充满了乡土气。十几年前，许多农民盖起了漂亮的小楼，但是生活方式还是传统农家的。外观很漂亮，里面的装修却相当简陋。房间很多，却人畜混居，常常可以看见自家的猪、鸡、鸭在楼下的厅堂觅食。很多城里人参观过后，摇头叹息："到底是乡下人，有房子也住不好。"

现在,如果再到农民小楼,就会看到,里面的装修已经很现代化了,人畜混居看不到了,许多人家院子里种上了观赏性的花木,农民房真的越来越像别墅了。农村、农民的生活方式真的变了,正在趋向城市生活方式,这就是发展,就是进步。

第二节　社会发展的回应

小阳是杭州师范大学的一名电子信息工程的学生,来自杭州萧山农村,今年大学三年级。她是一名大学生,同时也肩负家乡给予的"重任",就是参与维护更新家乡的萧山村级网。

杭州萧山区开办的萧山村级网在全省乃至全国都是领先的。萧山区率先在全国建设村一级的网站,做到"村村有网站",把互联网深入普及到每个村子里,使互联网应用"上山下乡入海涂,进入寻常百姓家"。萧山在全国首先做到镇街开通网站。2009 年,又开通了萧山新农村网——村级网站。2010 年底,已经形成了 120 多家这样的网站,占萧山 400 多个村的近 1/3。[①]

为了更好地打造村级网。萧山网成立了专门的工作团队来进行网页设计、新闻采编和后期制作等,为每个村提供村网模板 4 个,并根据需要进行个性化服务。村网设置有 9 个栏目:新闻动态、本村风貌、村级领导、新农村建设、政策解读、村务公开、实用农技、服务信息、公告通知。小阳就是这个工作团队的一员。她平时

萧山村级网

[①] http://www.anhuinews.com/zhuyeguanli/system/2011/01/26/003706198.shtml.

主要的工作就是进行网络信息更新和一般的网站维护。"大到政策法规的宣传与发布，小到司机苦练英语成为英语达人，这些信息都会在村级网上及时公布。我们村开展的文化活动周也上新闻头条了呢！"小阳自豪地说。

通过村级网，村民们可以及时了解最新政策动态，可以在线向村官反应情况并为乡村建设建言献策，可以分享自己的农家故事，也可以宣传自家的农产品和水产品，乡村的企业通过村级网招工，村民可以直接网上报名找工作……村民们积极接受和非常欢迎网络这个新鲜事物。

透过村级网，我们可以看到杭州农村社会发展的状况。如今，杭州的农村学校都新建了塑胶跑道，村民可以携带医疗卡到城市就医并享有医疗保险。很多农民在自己的宅基地上建起漂亮的楼房。家住萧山的小阳，家里的房子是五层的，这在萧山区是很常见的。农民生活富裕了，自己购买私家车，进城外出都很方便。现今不但杭州市区有市民之家，杭州农村也普及了市民之家，给农民带来了很大的方便……

近年来，杭州市民越来越多地喜欢在周末或节假日，同家人驱车前往杭州周边的农家乐，享受纯美的山林山水。市民远离了城市的喧嚣，在农家乐中喝茶、钓鱼、种菜……享受慢节奏的乡村生活。杭州农村的产业也发生了的转变，原本是第一产业的农业，变成了休闲娱乐的第三产业。农家乐的兴起，既满足了市民休闲的需求，同时也给农民带来了巨大的收益。

杭州梅家坞

杭州市民小敏是一家广告公司的文案，大学毕业后刚工作两年。每个周末都是她最盼望的时刻。周六早上，她和父母收拾好洗漱用品，渔具和帐篷，开车前往梅家坞茶文化村。梅家坞茶文化村是西湖龙井茶一级保护区和主产地之一，也是杭州城郊最富茶乡特色的农家自然村落和茶文化休闲观光旅游区。被授予"浙江省农家乐特色示范村"、"全国农业旅游示范点"等。小敏一家中午到达梅家坞，午餐点上清蒸白条、梅菜蒸昂刺鱼、酱爆石鸡、香椿炒蛋，吃饱喝足，再喝喝龙井茶。一家三口聊天打牌，藤椅上休息片刻后，拿着渔具河边垂钓，一个慵懒的下午就在山风和茶香中混过去了。晚上就住在农家，周日他们前往乔司农场种菜收菜。前不久他们在乔司农场租种了一小块地，播下茄子苗，现在已有一尺多高。他们此行前来给茄子浇水施肥,满心期待着自己所种的无农药、纯天然的绿色食品。辛苦劳作了一天,一家人荷锄而归。带上新采摘的新鲜黄瓜驱车返回城市。两天来的休闲,使得一周工作的压力和辛苦都一扫而光。

杭州开心农场

　　千百年来,中国的传统是"养儿防老",人们依靠儿女养老送终。1980年,国家大力提倡"一对夫妇福只生一个孩子",独生子女政策在全国推开。在杭州城市里,城市居民有社会保障,独生子女政策执行得较好。在农村,由于养老保险的缺失,独生子女的推广有很大困难,许多农民出于"养儿防老"的考虑,不愿意只生一个孩子。

　　随着杭州经济和社会的发展,农村的社会保障也提高了。杭州市在全省创新性地率先实行农村独生子女父母参加农村居民养老保险补贴办法。杭州市农村独生子女父母参加农村居民养老保险补贴办法。(1)补贴对象:杭州市区农业户籍,年满45周岁的独生子女父母。(2)补贴标准:每人每年1000元,分为12个月,按照参保人员实际参保月数按月补贴到位,最高补贴年限为15年。享受农村居民养老保险补贴的参保人员,其个人缴费比例不低于缴费基数的5%。(3)补贴方式:政府补贴直接抵缴个人当期缴费,抵缴后有余额的,余额计入其农村居民养老保险个人账户。享受养老保险补贴的参保人员,年满60周岁后不再享受农村部分计划生育家庭奖励扶助金。

　　农村居民养老保险补贴办法,探索了一条与农村经济发展水平相适应、与农村社会保障体系相结合的新路子。把计划生育利益导向制度融入社会养老保险体系,从根本上解决计划生育父母养老后顾之忧,为促进农村经济社会发展发挥了积极作用。农村居民养老保险补贴办法的实施,大大地提高了农民参加养老保险的热情,提高了参保率,而社会保障体系的建立健全,又将对人口的稳定健康发展提供有利条件,对稳定低生育水平、统筹解决人口问题、促进人的全面发展产生了推动作用。据统计,截至 2009 年 6 月底,杭州市享受该项政策的人数达 12899 人,政府补贴资金近 1300 万元。通过这项政策的实施,稳定了杭州市低生育水平。据不完全统计,该项政策实施以来,仅西湖区在 1 个月内,《独生子女父母光荣证》的领证量就突破 1000 本。[①]

杭州在社会保障上又不断推出新的举措。2011 年 1 月 1 日起,杭州的城市居民医疗保险和新农村合作医疗保险整合为城乡居民医保,对城乡居民医保的筹资标准设每人每年 1200 元和 800 元两档,并大幅度提高财政补贴力度。城乡居民可以根据自身情况选择医保标准。杭州在医疗保险上,城市居民与农村居民统一了待遇。

杭州医疗保险新闻发布会

我们欣喜地看到,杭州农村的社会发展正在不断地追赶着城市。城市化进程,正在从各个方面深刻地改变着乡村的生活和面貌。

第三节　价值文化的回应

人们通常用"时髦"、"潮人"、"洋气"等词来形容城里人。国际上最流行的衣服,时髦的发型等都会在城市中最先流行起来。同时城市流动性大,各个城市之间的文化交流也比较方便。例如:通过在各个城市剧院的演出,话剧版的芭蕾在全国迅速走红。城市中的文化宫、图书馆也给文化的学习和传承提供了良好的环境。城市的年轻人也喜欢以文艺青年自居,经常通过网络写些杂文来表达自己的心情和对生活的感想。城市的文化是多元的,流动的,流行的文化。文化核心是追求"创新"的。那么乡村文化是什么样的呢?

农村的文化反映了农民的生活风貌,是乡村思想文化、观念形态的反映。其文化核心是传统的习俗和价值观念。农民喜爱的剪纸、窗花、皮影戏、昆剧、京剧、刺绣、祭祀等,有着最广泛的群众基础。这几年的农历三月初六至初八,杭州萧山区河庄街道向公村都要举办三天的庙会,2014 年已是该村第四年举办了。庙会上,

---

①　http://www.hangzhou.gov.cn/main/xxbs/T304119.shtml,2014—06—26.

有本土的"草根明星",有专业艺术团的演员。2014年4月5日晚7点多,夜色慢慢降临,在向公村文化广场上,坐满了陆陆续续从四周赶来村民。70多岁王老太太在女儿陪同下,早早地就来到了村广场,占据了一个有利的位置,等待着节目的开演。王老太太的女儿表示,老太太早几天从广播里得知,这几天村里要搞庙会,而且还有越剧专场,所以,就叫家人陪她一起过来了。随着折子戏《碧玉簪》的上演,向公村第四届民俗文化节也拉开了序幕。伴随着一个个精彩节目的上演,台下群众不时地报出热烈掌声,大家直呼过瘾。在整个庙会活动期间,村里共安排了一场莲花落专场和两场越剧专场,村党总支书记傅月水介绍,莲花落和越剧是当地村民百姓最喜欢看的两种文艺节目,特别是在老年人心目中,这两大节目有着不可替代的地位。①

杭州萧山向公村庙会

相对于农村的传统文化,现代的农村年轻人更喜欢城市的流行文化。如何将传统文化传承给下一代,是一个重要问题。2012年8月,杭州尖山下村举办了"马灯尖山下,亿年火山峡"文化艺术周。村里特意培养的一批"跑马灯"传承人进入村民的视线。跑马灯,是尖山下村流传了300多年的民间风俗。它曾是这一带在节假日最为隆重的民间风俗,寓意吉祥如意。每到逢年过节,家家户户都要制作马灯。但是,从20世纪60年代末,这项古老风俗却逐渐淡出了人们的视线。直到2001年,在村里几位"跑马灯"爱好者的组织下,"跑马灯"才在尖山下村得到重视。让不少热爱"跑马灯"的村民们担忧的是,随着老一辈传承人的一个个的过世,"跑马灯"这项流传了300多年的技艺,有可能面临失传。曾经村里几乎家家户户都会

---

① http://town.xsnet.cn/villagehome/ycyp/2014/4/11/2057811.shtml.

制作马灯。但是现在，全村仅剩下6位手艺精湛的马灯传承人。现年68岁的姜万祥，已是其中最年轻的一位。姜万祥说："现在的年轻人，对传统文化、民间风俗了解得不多，如果老一辈人不传授的话，就真的要失传了。""跑马灯"看起来容易，但其实制作一个马灯的过程很烦琐。先要上山砍来毛竹，削成竹片，再编织框架，糊上彩纸……所有工序完成，常常需要花费很长时间。而表演"跑马灯"也很讲究，需要事先排练好几个阵形。

眼看着祖宗们留下的民间技艺将要失传，尖山下村的村民们在担忧之余，决定采取挽救措施。经过商量后，大家决定，由村里牵头，专门培养传承人。于是，今年年初，村干部向全村发出通知，招募小孩子组建小传承人队伍，专门学习"跑马灯"技艺。消息发出后，报名者纷至沓来。最后，经过精挑细选，有20个孩子入选。夏日的傍晚，暑气还未完全散去，在戴村镇尖山下村的篮球场内，20多个孩子排好队伍，一遍又一遍地练习着"跑马灯"的阵型。这些孩子，最大的14岁，最小的才7岁。虽然年龄不一，但他们都有着同一个身份——尖山下村"跑马灯"的传承人。这支小传承人队伍成立后，村里专门派技艺精湛的老一辈"跑马灯"传承人，教孩子们表演"跑马灯"。经过老艺人的悉心教导和孩子们的认真学习，尖山下村的这支小"跑马灯"队，很快就把"五梅花"、"六角阵"、"尖刀叉"等一个个"跑马灯"的经典阵形学得有模有样。不久前，在村里举办的"马灯尖山下、亿年火山峡"文化艺术周上，这支小"跑马灯"队第一次亮相，就赢得了村民和来宾们的满堂喝彩。①

尖山下村的小跑马灯队伍

---

① http：//www.xsnet.cn/news/zcsq/2012_8/1630120.shtml.

传统文化需要找新一代的接班人来传承,同时也渐渐引起了城市的注意。城市中也有越来越多的人喜欢传统文化。传统文化走进杭州的大学校园,不但给大学生的生活增添了趣味。同时也使传统文化在大学生心里播下了种。

2014年6月,海宁皮影艺术团走进杭州师范大学仓前校区为师生们演出。这是杭州师范大学"2014年戏剧文化促进年"活动内容之一。海宁皮影艺术团的艺术家们上演了"三打白骨精"的好戏。演出期间,同学们看得热火朝天,喝彩声、掌声不断。演出结束后,同学们纷纷争先恐后地到台上体验皮影戏。艺术家们也耐心地讲解皮影的制作以及操作的要领。同学们玩得不亦乐乎,这次皮影戏的演出,给同学们都留下了深刻的印象。甚至不少同学正商量着在学校创办一个皮影爱好者协会。

传统的农村文化,不但要保留下来,还要传播出去。走向城市,走进城市社区和校园。质朴的乡村文化,以它特有的魅力回应着城市的文化,传承者中国传统优秀的价值文化。

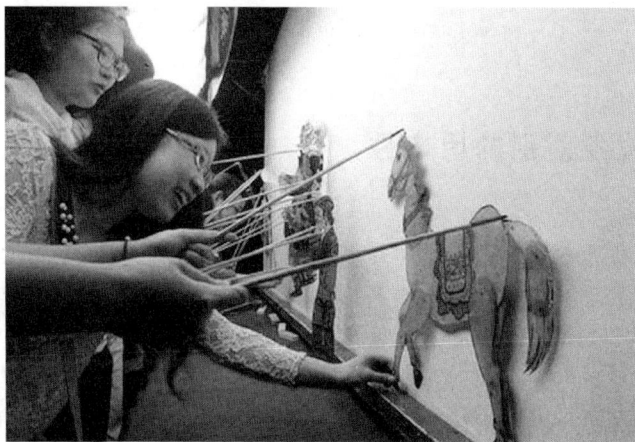

杭州师范大学学生感受皮影

第八章　杭州城市化的未来

　　杭州是中国东部的发达地区,2012 年末,公安部门户籍登记人口 700.52 万人,其中,农业人口 316.43 万人,非农业人口 384.09 万人。通常人们用一个地区城镇人口占总人口的比率来计算城市化率。照此计算,杭州 2012 年的城市化率约为 55％。如果按照 2012 年全市常住人口 880.2 万人计算,杭州的城市化率约为 64％。那么,杭州城市化的未来是怎样的呢？是农村人口持续向城市集中吗？还是存在其他的城市化前景？

　　这是一个需要认真思考和讨论的问题。

第一节　城乡差别的历史性

　　在人类历史上,远古时期大家居住在一起,以种植、采集、打猎为生,没有城市,也没有乡村。

　　城市最早是以"城"的形式出现,人们筑城,居住在城里,以城来保护自己免受野兽和异族的侵害。"城"是防卫性的工事,军事意义是首要的。所以,城一般建于战略和交通要地,或便于防守之地。有了城之后,许多人聚居在一起,需要从外界输入物资,也要把本地的出产进行商品交换,于是就有了"市",市就是市场。所以,是先有"城",后有"市",有了城,就有市。因此,"城""市"二字往往连起来使用,这就是城市的由来。

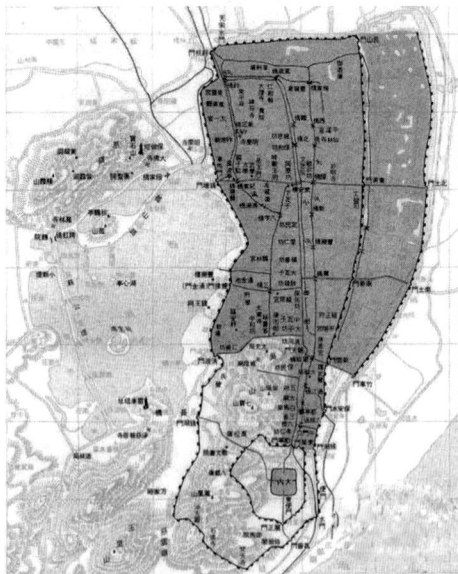

南宋临安(杭州)地图,城墙表明了"城"的军事价值

城市建立起来以后,由于聚集了大量的人口,手工业、工业、商业逐渐发展起来,产业结构逐渐非农化。同时,城市还聚集了众多的资源,形成了许多需要人口聚集才能发展起来的社会功能,比如政治功能、军事功能、文化功能、经济功能、教育功能、科技功能,等等。城市还催生和发展了许多公共产品和公共服务。人口的聚集,提高了人们的活动和生产效率,促进了生产和消费,繁荣了文化,使人类的生产力和生活水平不断达到新的高度。当今,城市代表了先进的文化和现代化的生活方式。

大运河畔的杭州市区

同城市相比,农村里人们居住比较分散,人口集中度低,公共产品和公共服务因为缺乏人口支撑难以发展,生产力和生活水平的发展也较缓慢。日积月累,农村的整体发展水平越来越落后于城市,农村的人均收入低于城市,农村的公共设施和公共服务差于城市,农村的教育和文化环境差于城市,农村的出行便利性不如城市,等等。从总体发展水平来看,农村落后于城市。

正因为存在着城市与农村之间巨大的发展差距,所以,中国在 20 世纪 90 年代开始,出现了大批农民工涌进城市,出现了世界历史上从未有过的最大规模和最迅速的城市化进程。

从世界范围来看,城乡差别的产生有其历史性,城乡差别是生产力和社会发展水平不高的产物。由于生产力和社会发展水平不高,各种资源自发地向投入产出高的地区优化配置,大量的生产力和社会发展资源向城市集中,城市成为国家或地区的发展中心和增长极。城市的发展水平在发展中国家和地区领先于农村具有必然性,这是由生产力发展水平决定的。当一个国家或地区发展到相当水平时,农村的人口在总人口中的比例已经很低,农村的道路交通、通讯电力等公共设施逐渐发展和完善,从事农业生产和在农村工作也可以享受现代化的生活,城市化进程将越来越慢并逐渐停滞下来。这就是现今世界发达国家所经历过的路程。所以,城乡差别是人类社会在一定发展阶段的产物,随着经济和社会的发展,它可以逐渐消除。

比如,中国 30 年前,农业户口变为城市户口是件十分困难的事情,"农转非"是所有农村人的梦想。"农转非"意味着只要成了城里人,就可以过上城市生活,生活水平一下子就大大提高了。中国经过了 30 年的发展，许多地方的农村生活水平已经不亚于城市。大城市郊区的农村人，既可以方便地融入现代化的城市生活，又有农村在土地和住宅等方面的优势，城市户口对他们渐渐失去了吸引力。有些地方，农民开始不愿意"农转非"了，甚至有些人还想把城市户口转为农村户口。所以说，城乡差别归根到底还是一个发展水平的问题，城市化归根到底还是一个发展问题。

第二节　城市化的方向

在当前的中国，"城市化"是一个十分热门的词汇，政府在讲，百姓在讲，房地产开发商在讲。在许多人的理解中，城市化就是农民进城、大量人口进入城市，城市化可以带来商机，城市化是经济和社会发展的巨大动力。

中国在进入 21 世纪以来，房地产高速发展，城市房价不断飙升。"买房就能赚钱"，吸引人们想方设法买房、囤房，刺激开发商想方设法拿地、建房，推动地方政府想方设法寻地、卖地。在中国的城市，举目望去，到处是建筑工地，到处是卖房广告。近些年，不断有人告诫，中国的房地产业存在巨大的泡沫，房屋供大于求，大量房子没有人住，房地产存在着崩盘的可能。但是，许多开发商、学者和地方政府官员却不以为然，他们反驳这种观点的一个依据是，中国目前正在积极推进城市化，大量的农民要进入城市，房子不愁没有人住，房子不会卖不出去。

这是对于城市化的一个巨大误区。城市化确实表现为大量的农村人口转变为城市人口，表现为城市人口在总人口中的比率不断上升和农村人口在总人口中的比率不断下降，但是城市化的基础是经济和社会的发展，只有经济和社会不断发展，才能使农村人口不断转移为城市人口。当然，人口转移和经济社会发展是相互作用、相互促进的。没有经济和社会的发展，城市化进程就会减速和停滞。

城市化的实质是不断缩小城乡差别。农民从农村进入城市，为的是追求更好的生活，是因为农村和城市之间存在着发展上的差距。农民进城，就是要跨越农村和城市的发展差距。城市人口在总人口中的比率不断上升和农村人口在总人口中的比率不断下降，为农村的迅速发展提供了条件，直接的和现实的结果就是实际上缩小了城乡差别。而城乡在发展上的差距一旦缩小到一定程度，城市化的进程就会慢下来，城市人口和农村人口在总人口的比例就会稳定下来。

城市化是一个发展过程，是一个不断缩小城乡差别的过程。城市化因存在城乡差别而启动,因城乡差别存在而持续进行,将因城乡差别缩小而停滞。农村、农业和农民将长期存在,但是城市化不会一直进行下去,在社会发展的历史进程中,城市和农村一定能够找到它们的平衡点,这个平衡点就是农村的现代化。

事实上,随着通信和信息科技的发展,道路交通条件的改善,电子商务、物流业的迅速发展,今天的中国农村,已经不是昔日闭塞、落后的农村了。农民不出村,全知天下事,已经成为现实。农业生产的技术、条件和方式,正在不断向现代化方向前进。

随着农村人口的减少,农业生产集约化程度的提高,农业生产科技含量的不断提高,农业生产变得越来越像工业生产,农业和工业的投入产出越来越接近,工业和农业的差别将逐渐消失。那时,城市和农村除了在工作行业和生活环境上有明显差别之外,在生活质量上已经没有显著差别了,城市化将成为一个过时的名词。

杭州萧山的新农村乡镇

所以,城市化的方向不是推动人口从农村流向城市,不是在城市大力发展房地产,而是积极促进经济社会发展水平的迅速提高。在发展过程中,城市由于资源的集中度高,自然会吸引农村人口向城市转移,农村人口向城市转移是发展的结果。城市化是城市和农村相互作用,共同朝向现代化发展的过程。城市化的方向是城市和农村持续不断的现代化进程。

杭州的乡镇企业

第三节　杭州城市化的未来

杭州作为中国东南的特大城市,如果按照 2012 年全市常住人口 880.2 万人计算,杭州的城市化率约为 64%,杭州还有巨大的城市化发展空间。很可能的是,杭州将不断提高城市化率,进行与中国其他大城市相似的城市化进程。

2006 年 8 月 9 日,中共杭州市委、杭州市人民政府印发了《杭州市社会主义新农村建设规划》,在这个规划中,提出了以"坚持统筹城乡发展方略,坚持'多予少取放活'和'工业反哺农业、城市支持农村'的方针,坚持以经济发展为中心、农民增收为重点,按照'生产发展、生活宽裕、乡风文明、村容整洁、管理民主'的要求,以支农惠农的新举措促进产业新发展,以统筹城乡的新理念建设新村镇,以改革创新的新思路构建新机制,以自强有为的新要求培育新农民,以和谐文明的新目标倡导新风尚,大力实施城市带动、农业提升、村庄整治、社会发展、农民保障、基层建设'六项工程',切实解决'四农一村'问题,让农村更快发展,让农民更多得益,努力把杭州新农村建设成为全省的先行区、全国的模范区"的指导思想。并且提出了总体目标:"我市新农村建设到 2010 年的目标是:建成经济持续增长、村容明显改善、城乡统筹发展的全面小康的社会主义新农村;到 2020 年的目标是:建成繁荣富裕、和谐文明、城乡融合的基本现代化的社会主义新农村。"杭州市将美丽乡村建设与新农村建设、农村住房改造建设、风情小镇创建、生态建设等有机结合,通过项目带动、资源整合,共同建设魅力乡村、幸福家园。

杭州的美丽乡村建设与新农村建设

在杭州市的社会主义新农村建设总体目标中,最有分量的四个字是"城乡融合"。如果做到了城乡融合,自然会实现繁荣富裕;如果繁荣富裕了,自然会实现和谐文明。在这个意义上说,城乡融合就是杭州城市化的未来。

城乡融合是生活方式的融合。长期以来,与农村相比,城市的生活方式是现代的,一直是城市的生活方式引动乡村的生活方式。电灯、自来水、燃气、卫生间,都是从城市传到乡村,逐渐在乡村得到普及。但是,城市人生活在空间拥挤、空气浑浊、缺少温情的生活氛围中,一旦接触到乡村宽阔、清新

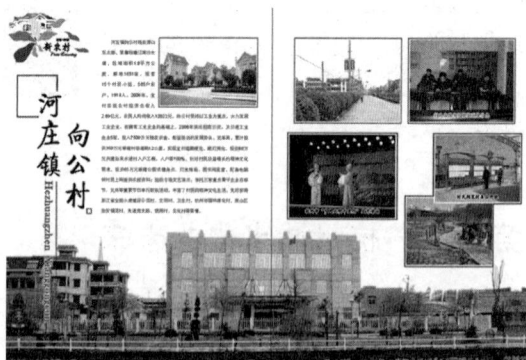

杭州萧山河庄镇向公村

的自然环境,感受到乡村人的质朴和热情,许多人会喜爱上乡村生活。这就是乡村生活对城市生活的积极回应。城市生活方式和乡村生活方式,各有其优势,如果取长补短,互相融合,则是许多人梦想中的最佳生活方式。城市环境田园化,乡村生活现代化,这种生活方式的城乡融合既是理想,也是方向。

杭州正在把资源条件、环境优势和人文特色变成发展动力。把生态文明的理念深入落实到美丽乡村建设中,把城市文明开始农村延伸,先进的生产方式、健康的生活方式、科学的消费方式和文明的生活方式在润物无声中悄然形成。生态环境优美、产业特色鲜明、社区服务健全、乡土文化繁荣、农民生活幸福的"美丽乡村",展现在杭州的新农村道路上,这是广大农民共同的梦想、期待和未来。

杭州的美丽乡村

城乡融合是经济发展的融合。长期以来,城市经济以工业和服务业为主,乡村经济以农业为主,城市处于整个地区的经济中心。然而,这种经济分工已经逐渐模糊起来,走向了融合。在现在的城市经济中,有许多从事种植业和养殖业的企业,它们的生产基地,有的在农村,有的在城里。许多企业所从事的种植业和养殖业已经是工厂化、车间化的生产。形象地说,它们是农业工厂。在农村,农民办的工厂、企业比比皆是,乡镇企业已经成为我国工业生产的重要力量。许多农民不再种田,而是进厂做工,许多人还成了农民企业家。从事农业生产的许多农民,已经大量使用机械。农业生产,除了产品是农产品外,其生产过程已经越来越接近工业了。农民生产资料的购进、产品的销售,都有专业公司上门服务。工业和农业的差别逐渐消失,工人和农民的差别也在逐渐消失。

城乡融合是社会发展的融合。杭州经过改革开放后几十年的发展,城市和乡村的社会服务都得到了高度的发展。在从前,城市人有公费医疗、医疗保险、退休金、养老保险、失业保险、最低生活保障,很是让农村人羡慕。现在,这些社会服务农村人也有了。前些年,杭州还将城镇居民医疗保险与新农村合作医疗保险统一了起来,统称城乡居民医疗保险。这是社会发展的一个重要里程碑,标志着城乡在社会保障、社会发展上也开始融合了。

近年来,杭州加快健全和完善了以社会保险、社会救助、社会福利为基础,以基本养老、基本医疗、最低生活保障制度为重点，以慈善事业、商业保险为补充的社会保障体系。并且建立了农村无保障老年人生活补助制度和计划生育家庭奖励扶助制度。杭州还强化了公共服务，根据各村的实际需求和条件，建设村(社区)综合服务中心和功能齐全的村务活动室、劳动保障服务室、卫生室、老年服务场所、警务室、文化活动场所、广播室、体育健身场所、连锁超市、粮贸市场、幼儿园、"数字兴农"等工程以及党建活动室(远程教育站)等公共服务场所。[1]

城乡融合是文化心理的融合。长期以来，城里人对农村人一直有一种优越感，觉得自己生活好、更文明、见多识广。现在，随着乡村生活水平的迅速提高，城市与乡村生活水平差距的缩小，城里人渐渐失去了优越感。许多农村人富裕了，吃住行甚至比城里人还好，他们也出国旅游，四处谈生意，见识一点不差于城里人。同时，现在电视、网

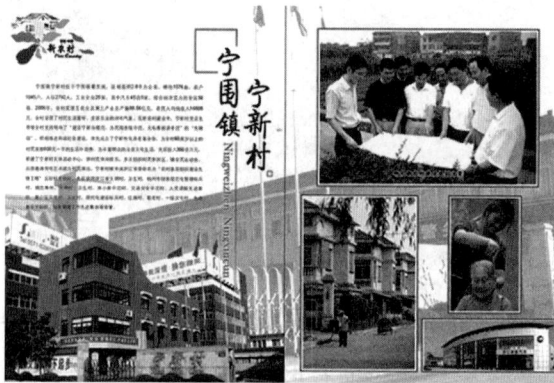

杭州萧山宁围镇宁新村

络、通讯服务走进千家万户，足不出村，可知天下事。过去农村由于封闭、信息不畅导致心理上的退缩和不自信，正在成为往事。现代化的信息沟通，不仅拉近了人们空间上的距离，也打破了城乡文化和心理上的藩篱。

1990年12月，已故著名社会学家费孝通先生在题目为"人的研究在中国：一个人的经历"的演讲中，对于处理不同的文化关系，总结和提出了十六字箴言："各美其美，美人之美，美美与共，天下大同。"这十六个字，用于描述杭州城乡文化和心理的互动，指导杭州城乡融合的城市化方向，真是再恰当不过了。

---

① http://zjrb.zjol.com.cn/html/2011—09/29/content_1112396.htm? div＝－1.

附录　城乡居民生活方式调查问卷

本调查问卷只用于科学研究,不会泄露您的个人情况,请放心回答。谢谢!
请在相应的数字上画"○"。

性别:(1)男　(2)女　出生年份:_____年
户口:(1)本市城镇户口　(2)本市农业户口　(3)非本市户口
学历:(1)小学　(2)初中　(3)高中　(4)大专　(5)大学　(6)研究生
职业:(1)农民　(2)工人　(3)公务员　(4)服务人员　(5)管理人员
(6)专业技术人员　(7)职员　(8)学生
年收入:(1)2万元以下　(2)2—5万元　(3)5—8万元　(4)8万元以上
(5)无

A1.下列描述的情况与您自己的情况符合吗?请在最符合您情况的数字上画
"○"。

	您的感受	很不符合	不太符合	不确定	比较符合	很符合
A101	总的说来,我的生活和我的理想很接近	1	2	3	4	5
A102	我的生活状况非常好	1	2	3	4	5
A103	我对我的生活感到满意	1	2	3	4	5
A104	我已经得到了我在生活中想得到的重要东西	1	2	3	4	5
A105	即使生活可以从头再来,我也没什么想要改变的	1	2	3	4	5

A2.下列描述的情况与您自己的情况符合吗?请在最符合您情况的数字上画
"○"。

	您的感受	很不符合	不太符合	不确定	比较符合	很符合
A111	我喜欢乡村生活	1	2	3	4	5
A132	我们这里看病很方便	1	2	3	4	5
A133	我家附近的小学操场有彩色跑道	1	2	3	4	5
A112	城里人比乡下人日子过得好	1	2	3	4	5
A131	我的普通话讲得很好	1	2	3	4	5
A134	从我家去图书馆很方便	1	2	3	4	5
A113	每天清晨我都能听见小鸟在窗外鸣叫	1	2	3	4	5
A114	同乡村人打交道比城市人容易	1	2	3	4	5
A135	我们这里很关心照顾老年人	1	2	3	4	5

A3.下列描述的情况与您自己的情况符合吗？请在最符合您情况的数字上划画"○"。

	您的感受	很不符合	不太符合	不确定	比较符合	很符合
A201	我愿意做体力工作或服务工作	1	2	3	4	5
A402	我经常在餐馆吃饭	1	2	3	4	5
A501	我在家里上网很方便	1	2	3	4	5
A202	我愿意从事有挑战性的工作	1	2	3	4	5
A203	我不在乎离开家乡去工作	1	2	3	4	5
A602	我家距离大超市乘汽车不到半小时	1	2	3	4	5
A301	我每天换洗内衣	1	2	3	4	5
A302	我出门时很注意衣服是否得体	1	2	3	4	5
A401	我每天喝牛奶	1	2	3	4	5
A502	我住的地方很安全	1	2	3	4	5
A503	我们家经常使用微波炉	1	2	3	4	5
A122	在城市里生活压力很大	1	2	3	4	5
A601	我能在4小时内到达上海	1	2	3	4	5
A902	我经常睡不好觉	1	2	3	4	5

续　表

	您的感受	很不 符合	不太 符合	不 确定	比较 符合	很 符合
A603	我出行主要利用公共交通工具	1	2	3	4	5
A702	我家在当地有很多亲戚	1	2	3	4	5
A901	我每天精力充沛	1	2	3	4	5
A701	我知道邻居的名字	1	2	3	4	5
A121	城市里机会很多	1	2	3	4	5
A123	我经常为堵车、停车难而头痛	1	2	3	4	5
A903	我知道最近的体育设施在哪里	1	2	3	4	5
A801	只要自己高兴,花些钱无所谓	1	2	3	4	5
A803	买东西我最重视品牌	1	2	3	4	5
A802	我经常网上购物	1	2	3	4	5
A704	有事找警察	1	2	3	4	5
A705	我有 3 个以上的好朋友	1	2	3	4	5

感谢您的合作!

索　引

图书在版编目(CIP)数据

　　阳动阴随：杭州城乡互动的心曲/石向实等著. —杭
州：浙江大学出版社，2015.9
　　ISBN 978-7-308-14331-8

　　Ⅰ.①阳… Ⅱ.①石… Ⅲ.①城市化—研究—杭州市
Ⅳ.①F299.275.51

　　中国版本图书馆 CIP 数据核字（2015）第 007507 号

阳动阴随：杭州城乡互动的心曲

石向实　等著

责任编辑	曾建林　姚燕鸣
出版发行	浙江大学出版社
	（杭州市天目山路 148 号　邮政编码 310007）
	（网址：http://www.zjupress.com）
排　　版	杭州林智广告有限公司
印　　刷	杭州日报报业集团盛元印务有限公司
开　　本	710mm×1000mm　1/16
印　　张	9.25
字　　数	171 千
版 印 次	2015 年 9 月第 1 版　2015 年 9 月第 1 次印刷
书　　号	ISBN 978-7-308-14331-8
定　　价	28.00 元